小团队人才培养

全图解落地版

任康磊◎著

人民邮电出版社

北京

图书在版编目（ＣＩＰ）数据

小团队人才培养 ：全图解落地版 / 任康磊著. --
北京 ：人民邮电出版社，2022.1（2024.4重印）
ISBN 978-7-115-56810-6

Ⅰ．①小… Ⅱ．①任… Ⅲ．①企业管理－人才培养－
图解 Ⅳ．①F272.92-64

中国版本图书馆CIP数据核字(2021)第128623号

内 容 提 要

本书涵盖小团队实施人才培养的各模块，以实际场景和应对策略为背景，介绍小团队
管理者在实施人才培养过程中经常遇到的问题、用到的工具和应用的方法。

全书分为 8 章，主要内容包括：选拔出值得培养的高潜力人才的方法；对当前内部人
才实施盘点和分类的方法；人才梯队建设的方法；新员工培养方法；老员工培养方法；干
部培养方法；人才培养各类技巧；人才保留的方法。

本书采取图解的形式，通俗易懂，贴近实战，工具和方法丰富，适合企业各级管理者、
各类团队管理者、创业者、中小企业主、管理咨询师、人力资源管理各级从业人员、培训
师/培训工作从业者、管理类相关专业在校生以及所有对人才培养方法感兴趣的人员。

◆ 著　　　　任康磊
　　责任编辑　马　霞
　　责任印制　彭志环

◆ 人民邮电出版社出版发行　　北京市丰台区成寿寺路 11 号
　　邮编　100164　　电子邮件　315@ptpress.com.cn
　　网址　https://www.ptpress.com.cn
　　北京虎彩文化传播有限公司印刷

◆ 开本：700×1000　1/16
　　印张：18.25　　　　　　　　2022 年 1 月第 1 版
　　字数：222 千字　　　　　　 2024 年 4 月北京第 4 次印刷

定价：69.80 元

读者服务热线：(010)81055296　印装质量热线：(010)81055316
反盗版热线：(010)81055315
广告经营许可证：京东市监广登字 20170147 号

很多朋友问我："培养人才，能像工业化生产一样实现标准化、批量化吗？"

这其实不是能不能的问题，而是如何做的问题。世界上很多优秀的公司、优秀团队，早已实现人才培养的标准化和批量化。宝洁公司（P&G）的一位人力资源负责人就曾说过："如果宝洁中国的首席执行官（CEO）离职，宝洁只需要补充一名刚毕业的大学生就可以。"这说羽宝洁公司人才梯队建设与人才培养已十分成熟。

我曾在一家有超过百年历史的世界前 50 强公司任职，后来又去了一家国内大型 A 股上市公司。我的感受是后者虽然有冲劲、有活力，发展迅猛，但在人才培养方面不成体系，常有人才青黄不接的情况。前者发展平稳，人才培养模式成熟，不论是人才的数量、培养方式、学习内容还是成长通道都很完善。

搭建起人才培养体系，人才是能够产业化批量"生产"的。看到这里，免不了会有朋友问："不对啊，经验没有办法通过人才培养习得啊，必须依靠时间的积累。人才就算短时间被培养出来，也是没有经验支撑的。"

实际上只要方法正确，经验也能在短时间内被培养。只不过学习经验的方法与学习知识和能力有所不同。要理解这一点，首先要理解什么叫经验？

经验指的是工作时间长短吗？

肯定不是。现实中很多工作了 30 年的人也不见得有什么建树。为什么会这样？因为很多工作 30 年的人只不过是把同一套动作重复做了 30 年。这不叫有 30 年工作经验，而只是做了 30 年的事。

那经验到底是什么？

实际上，经验是一种异常管理能力。说到底，经验也是一种能力。如何理解呢？

想象出租车司机这个职业。一个从来不会开车的人，到熟练掌握开车技能，熟练掌握城市道路（有导航后这一步变容易了），熟练掌握出租车运营规范，成为一名合格的出租车司机，需要多长时间呢？在中国，粗略统计，大约不到 1 年时间就能做到。

但如果可以自由选择出租车司机，老司机大概率会比新司机更受欢迎，因为老司机的经验更多。老司机比新司机多的所谓经验究竟是什么呢？就是对各类异常状况的应对处理能力。

想象这样一个场景。假如有一条没有尽头的路和一辆可以一直开的车，一个出租车司机在这条路上笔直往前开，整条路上没有其他车辆，也没有行人，不需要转向，不需要变道，不需要躲闪，不需要避让，也不需要刹车，就一直开，开了 30 年。这个出租车司机就有了 30 年经验吗？当然不是。

那么在什么情况下，这个出租车司机才算有了经验？就是在司机正常转弯，忽然冒出一辆闯红灯的电动车时，才知道就算一切正常，也要提防；就是在接到喝醉酒在车上一睡不醒的乘客时，才知道这种情况可以请求有关部门帮助；就是在开快车变道差点出事故时，才知道再怎么样也不能着急。正是这些异常，构成了经验。

有一次我和朋友一起坐飞机，途中遇到颠簸，飞机晃得严重。朋友有些担心，小声对我说："晃得这么厉害，不会出什么事吧。"

我说："还好吧，你也经常出差，坐飞机次数应该比我多吧？犯得着这么紧张吗？"

朋友说："可我从没遇到过颠簸得这么厉害的情况。"

我说："不用担心，晃得比这更厉害的我也遇到过，而且看空姐的表情，丝毫不紧张，可见当前状况并不是她们遇到过的最糟糕的。"

经验正是人们经历过一个又一个异常状况，通过对这些异常状况的应对，从而得到的处理这些异常状况的能力。

那么经验可以被学习吗？

当然可以，只要把这些异常状况一件一件地提取成关键经验事件，淬炼归结为一个一个的异常事件知识或异常处理能力，把这些事件通过讲授或模拟的方式重现，让人才在较短时间内频繁地接触这些事件，就能实现经验的学习和传承。

当然，这不代表时间变得毫无价值，不代表一天就能达到别人10年的经验。正确的经验萃取与传承能够缩短人才的培养周期，让原本需要10年才能上手的岗位，实现一年左右就能完成培养。

当人才能够被组织标准化、批量化地"生产"，组织就不再受人才问题所累，不必为了留住部分人才委曲求全，不必过分担心人才离职，代表着组织能力得以提升。人才是组织经营发展的关键，但组织能力才是一个组织成败与否的核心。

目前很多企业人才的职业化程度和技能水平普遍处在较低的水平，而且随着经济环境、技术环境的快速发展变化，人才技能的要求在快速变化。企业很难从人才市场上找到能直接适应岗位的员工。

对企业来说，最好的方案是找最有潜力的人才进入企业，持续提供必要的培养，让人才能够快速胜任岗位，并得到持续成长。然而很多团队管理者不具备人才培养能力，人才培养不系统、不完整、水平低是普遍现象。

针对很多小团队管理者不懂如何培养人才，我总结了自己曾经帮助某公司搭建人才培养体系的过程，形成了本书。根据人才培养过程中经常出现的实际问题及其解决方案，我总结了实战中上手简单、实用方便又能落地的各类方法和工具。

为便于读者快速阅读、理解、记忆并应用，本书对问题场景、实用工具介绍和对工作相关的应用解析全部采用图解的形式呈现。

祝读者朋友们能够学以致用，更好地学习和工作。

本书若有不足之处，欢迎读者朋友们批评指正。

■ 本书特色

1. 通俗易懂，上手迅速

本书采取图解的形式，通过对工具和方法的解构，保证读者能够看得懂、学得会、用得上，让读者以最快的速度掌握小团队实施人才培养的关键要务。

2. 内容丰富，实操性强

本书包含小团队人才培养中能够用到的各类工具和方法，将这些工具和方法图形化、可视化、流程化、步骤化，且注明实战中的注意事项，让读者一目了然。

3. 立足实践，解析详尽

本书以小团队人才培养实战中的各类实际场景为背景，通过实际问题引出实战工具，通过对实战工具的充分解析，让读者不仅知其然，更知其所以然。

■ 本书内容及体系结构

本书包含小团队管理者在实施人才培养过程中经常遇到的问题、用到的工具和应用的方法。

第 1 章　人才选拔

本章主要介绍小团队管理者在人才培养前，首先要选准适合培养的人才，包括如何客观看待人才，明确什么人才值得培养，如何实施人岗匹配，如何实施人人匹配，如何实施角色匹配等内容。

第 2 章　人才盘点

本章主要介绍小团队管理者对内部人才的认识和区分，进而有区别地实施培养，包括如何实施人才盘点，如何进行人才盘点的单维度、双维度和三维度分析，人才盘点方法论在阿里巴巴、华为和京东的应用等。

第 3 章　人才梯队

本章主要介绍小团队管理者的人才梯队建设的方法，包括如何形成人才梯队，如何实施人才规划，如何规划员工发展，如何提炼内部知识，如何传承优秀经验，如何管理知识仓库，如何有效运行导师制，如何激发员工的学习动力等。

第 4 章　新员工培养

本章主要介绍小团队管理者对新员工的培养方法，包括如何接待新员工，如何稳定新员工，如何培养新员工，新员工的学习内容包括哪些，新员工的培训应当怎么做，培养新员工过程中的常见问题和注意事项等。

第 5 章　老员工培养

本章主要介绍小团队管理者对老员工的培养方法，包括如何找到、分析和确认学习需求，如何制订培养目标，如何设计培养方式，如何进行培养评估，如何培养营销推广类岗位人才，如何培养产品研发类岗位人才，如何培养运营管理类岗位人才，如何培养生产管理类岗位人才等。

第 6 章　干部培养

本章主要介绍小团队管理者培养干部的方法，包括如何识别干部人选，如何定义干部能力，如何通过授权培养干部，如何实施授权的过程管控和效果评估，如何培养基层管理者，如何培养中层管理者，如何培养高层管理者等。

第 7 章　培养技巧

本章主要介绍小团队管理者实施人才培养的各类技巧，包括如何通过轮岗实施人才培养，如何设计轮岗规则，如何安排轮岗学习，如何正确实施人才辅导，人才辅导时如何做好沟通，人才不足时如何做培养计划，能力欠缺时如何做培养计划，绩效较差时如何做培养计划等。

第 8 章　人才保留

本章主要介绍小团队管理者实施人才保留的方法，包括如何系统实施人才保留，如何防控人才流失风险，如何构建人才保留的预警系统，如何处理员工投诉，如何应对员工冲突，如何发现和淘汰不合格员工等。

■ 本书读者对象

企业各级管理者；各类团队管理者；创业者；中小企业主；管理咨询师；人力资源管理各级从业人员；培训师／培训工作从业者；管理类相关专业在校生；所有对人才培养方法感兴趣的人员。

◇ 本书背景

1
公司现在人才青黄不接，优秀人才留不住，新员工成长慢，老员工又能力差。放眼望去人不少，绩效高的人才却不多，这可如何是好？

小智公司总经理 张坤

2
看来你要重点关注人才培养的问题了。

本书作者 任康磊

3
我们现在也有组织培训啊，是不是培训方式不对？要不加点培训经费？

4
人才培养不是简单的培训，培训只是人才培养形式之一，单纯增加培训经费是没用的。

NO!

5
那我应该怎么做呢？

6
人才培养是体系化的事情，从宏观上搭建人才培养体系，微观上做好人才培养，就能解决这个问题。

背景介绍

　　小智公司是张坤成立的一家互联网公司，目前有 50 多人。公司采取扁平化管理，分 3 个层级。小智公司当前面临着优秀人才流失、后备人才培养难的问题。针对这些问题，作者任康磊建议张坤搭建人才培养体系，解决人才培养难题。

目录

03
人才梯队　　055

06
干部培养　　　　　　　　　　173

01

人才选拔

💎 本章背景

1 快说说人才培养的方法吧!

2 别急，人才培养的第一步是人才选拔。

3 啊？不是说人才培养的问题吗？怎么说起人才选拔了？

4 如果要培养一只动物狩猎，你说培养一条狗合适，还是培养一只羊合适？

5 那还用问吗？当然是培养狗更合适了!

6 人才培养也是这个道理。

背景介绍

　　人才培养的第一步是人才选拔。人才选拔是为了判断员工值不值得培养，就像木雕艺术品雕刻师在雕刻某个作品前，一定会根据作品的大致轮廓来选材。如果不重视人才选拔，在这个环节出了问题，后续再努力也没用。

1.1　选人框架

　　什么是人才？很多人对此其实没概念。高学历的人就是人才吗？不一定，高学历只代表具备某种知识优势。有才能的人就是人才吗？不一定，如果才能不是团队需要的，或者才能无法转化成绩效，也没有用。人才判断需要维度观，要用到人才框架。

1.1.1　培养要从选拔开始

🔒 **问题场景**

1 这么说，人才培养还是得选好苗子啊。

2 没错，选出好苗子，培养成功的可能性更高，成本也更低。

3 确实如此，有必要搞清楚人才选拔方法，不然可能白费精力。

4 是的，优秀人才往往具备内生动力，往往不用费过多精力就能迅速成长。

5 哎……想想之前的员工，这一点我深有体会。

6 识别出值得培养的人才，会让人才培养事半功倍。识别不出值得培养的人才，人才培养将事倍功半。

问题拆解

　　选对了人，人的学习潜力高、学习积极性强，更容易培养；选不对人，人的底子差，没有学习意愿，再怎么培养也无济于事。所以人才培养的第一步不是探讨如何培养人，而是学会如何选拔好苗子。

方法与工具

工具介绍

人才培养实施框架

　　人才培养是个系统化的工程，少了哪个环节都可能出问题。先要进行人才选拔，选出高潜力人才；再进行人才盘点，盘点现有人才状况，识别出值得培养的人才；接下来还要进行人才梯队建设，为当前关键岗位人才培养继任者。实施人才培养工作后，还要关注优秀人才，做好人才保留，防止人才流失。

人才培养实施框架（即本书重点内容框架）

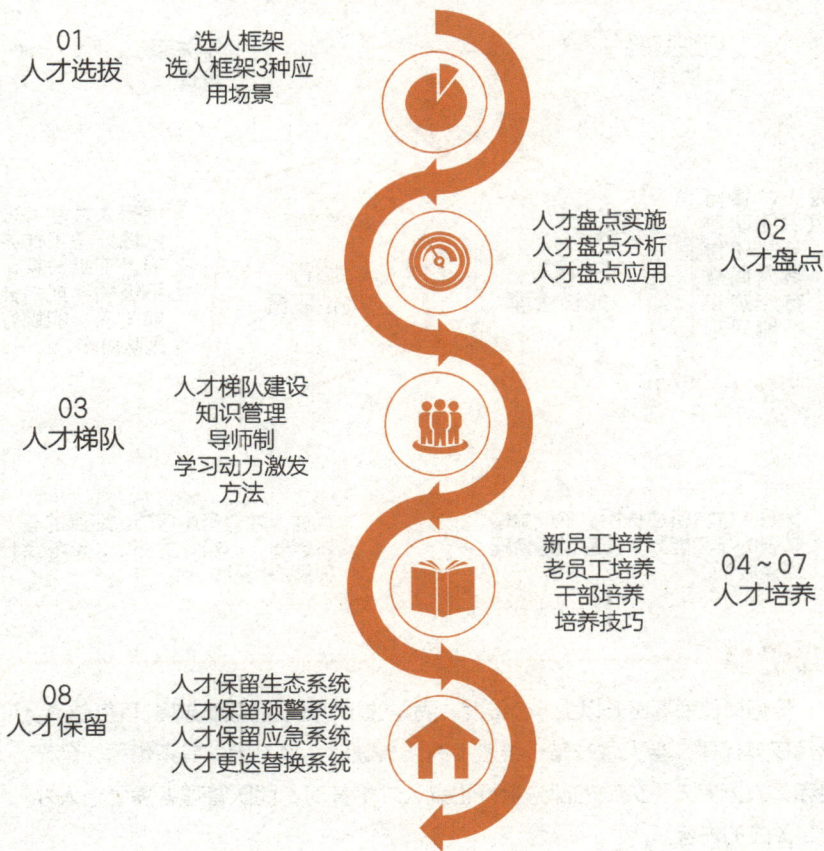

01
人才选拔

选人框架
选人框架3种应用场景

人才盘点实施
人才盘点分析
人才盘点应用

02
人才盘点

03
人才梯队

人才梯队建设
知识管理
导师制
学习动力激发
方法

新员工培养
老员工培养
干部培养
培养技巧

04～07
人才培养

08
人才保留

人才保留生态系统
人才保留预警系统
人才保留应急系统
人才更迭替换系统

应用解析

选拔优秀人才需关注的 5 大维度

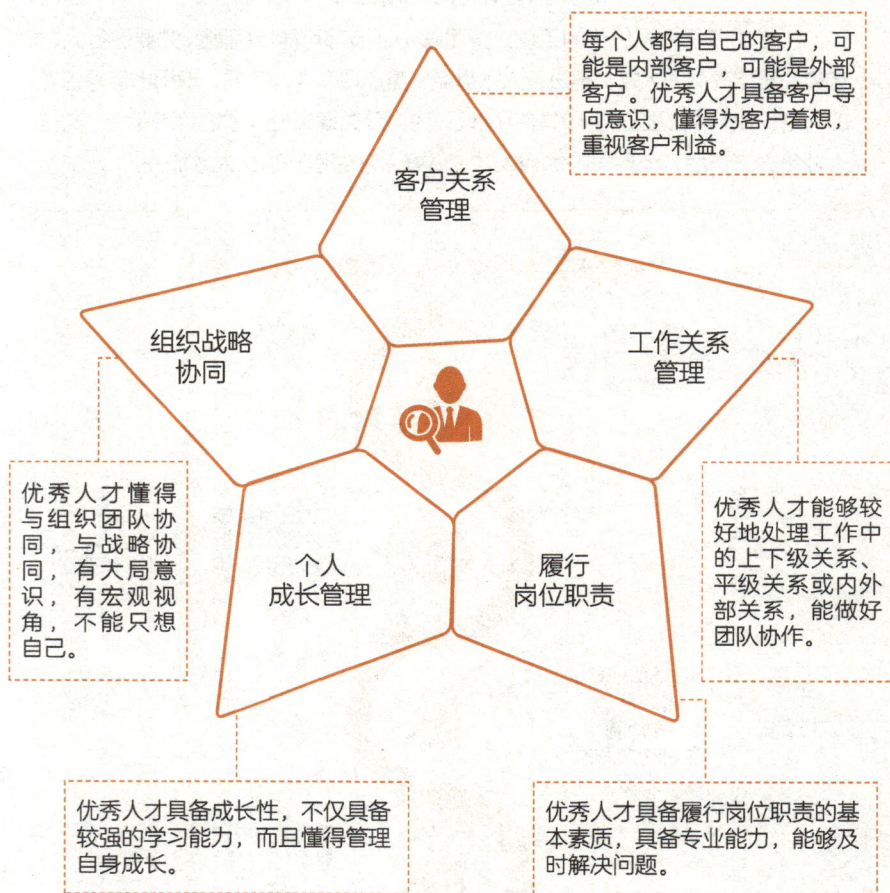

每个人都有自己的客户，可能是内部客户，可能是外部客户。优秀人才具备客户导向意识，懂得为客户着想，重视客户利益。

客户关系管理

组织战略协同

工作关系管理

优秀人才懂得与组织团队协同，与战略协同，有大局意识，有宏观视角，不能只想自己。

优秀人才能够较好地处理工作中的上下级关系、平级关系或内外部关系，能做好团队协作。

个人成长管理

履行岗位职责

优秀人才具备成长性，不仅具备较强的学习能力，而且懂得管理自身成长。

优秀人才具备履行岗位职责的基本素质，具备专业能力，能够及时解决问题。

小贴士

任何岗位都离不开以上 5 个维度，满足这 5 个维度的数量越多、程度越高，越代表其优秀。当人才在某个维度上有所欠缺时，也不代表其不优秀，金无足赤，人无完人，欠缺的部分恰好也是人才培养时，团队管理者需要与人才一起关注的内容。

1.1.2 如何客观看待人才

问题场景

1. 感觉团队里的员工普遍都很差，好员工就那么几个，太少了。

2. 那些你觉得差的员工难道就没有好的方面吗？

3. 说起来……好像也有。

4. 那些你觉得好的员工难道就没有差的方面吗？

5. 这个……也确实是有的。

6. 所以正确看待人才应当用"维度观"，而不是"是非观"。

问题拆解

没有绝对优秀的人才，也没有绝对不优秀的人才。人才都应当在某个框架下定义。团队管理者应当先设定团队需要的人才框架，然后看员工哪些维度符合框架要求、哪些维度不符合框架要求，从而做出改善。

方法与工具

工具介绍

人才选拔的维度观

很多人对人才普遍采取一种简单的"是非观"，就是对待某个人才，要么觉得好，要么觉得不好，可究竟哪里好、哪里不好，说不清楚；对待人才的判断不是对，就是错；不是好，就是不好；不是行，就是不行。

正确的人才盘点应当用维度观，不是简单地判断人才好或不好，行或不行，而是设定出人才应具备的几个维度特质，根据人才在这几个维度特质上的表现做判断。

人才选拔维度观举例

假设某岗位需要4个维度的特质，甲、乙、丙、丁4位人才在4个维度上的特质如下，有色代表具备某方面特质，无色代表不具备该特质。

最佳：同时具备4方面特质

较优：具备3方面特质

一般：具备两方面特质

较差：只具备一方面特质

应用解析

人才评价的 3 大通用维度

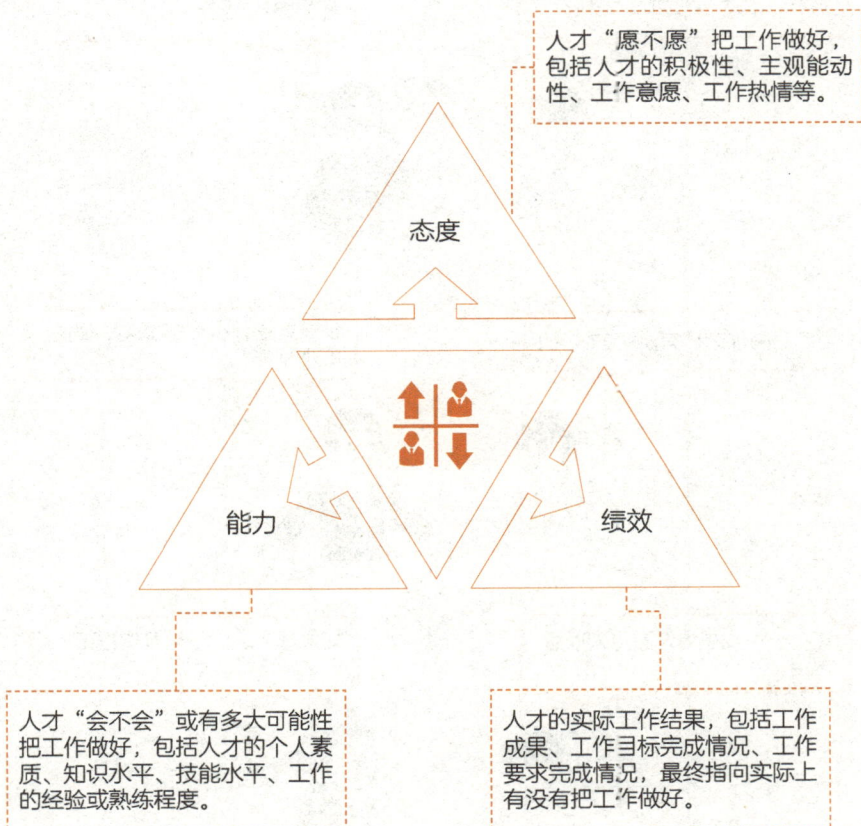

人才"愿不愿"把工作做好，包括人才的积极性、主观能动性、工作意愿、工作热情等。

态度

能力

绩效

人才"会不会"或有多大可能性把工作做好，包括人才的个人素质、知识水平、技能水平、工作的经验或熟练程度。

人才的实际工作结果，包括工作成果、工作目标完成情况、工作要求完成情况，最终指向实际上有没有把工作做好。

小贴士

人才评价的 3 大通用维度同时也是盘点人才质量时常用的 3 大维度。态度好、能力强、绩效高的人才是团队的重点人才，对这类人才，团队管理者要珍惜。对绝大多数人才来说，3 个维度很难做到面面俱到。

1.1.3　什么人才值得培养

🔒 **问题场景**

1 我怎么总找不到优秀人才呢？

2 你需要的优秀人才具体是什么样的呢？

3 当然是有能力、有水平的人了！

4 那具体是什么样的能力、多高的水平呢？

5 这个……我得具体看见人以后再定。

6 如果选人之前没有基本框架，怎么能选准人呢？

问题拆解

　　人才框架不仅是识别人才需要的，也是选拔人才的需要。人才框架就是选人标准，有了基本的人才框架，团队管理者才知道应当按照何种方式实施人才选拔，才可能选拔出团队需要的人才。

方法与工具

工具介绍

高潜力人才特质

所谓高潜力人才，是指那些当前没有特殊表现，但具备较高培养潜质的人才。高潜力人才具备一定的共性，定义出这些共性，能够批量发现和识别出高潜力人才。

高潜力人才的 5 大通用特质

元认知，是个体对自己的认知加工过程的自我觉察、自我反省、自我评价与自我调节。

表现为有自知之明，善于控制自己的情绪，追求成就感，对工作充满激情，善于社交。

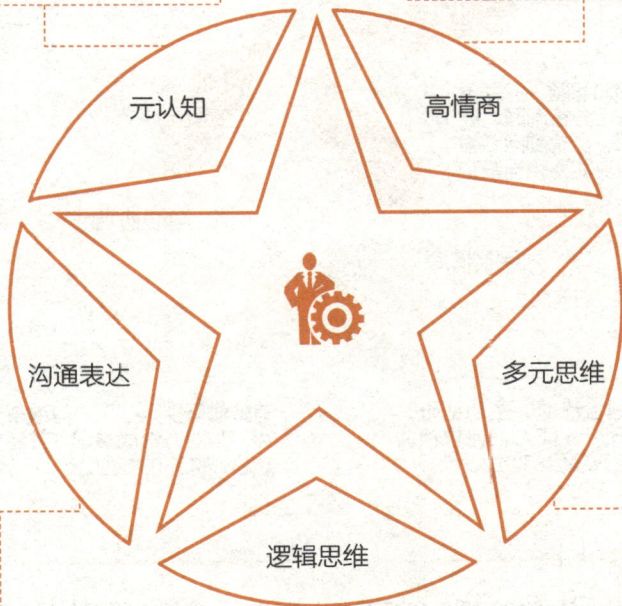

元认知

高情商

沟通表达

多元思维

逻辑思维

语言简洁明了，懂得换位思考，能够从对方的角度分析和评价自己的观点。

认识事物过程中借助于概念、判断和推理等思维形式，能够对客观现实产生理性认识。

不固执，对不了解的领域谨慎发表观点；能容纳不同观点，甚至完全相反的观点；不执迷不悟或固执己见。

应用解析

值得培养的人才的 5 大通用能力框架

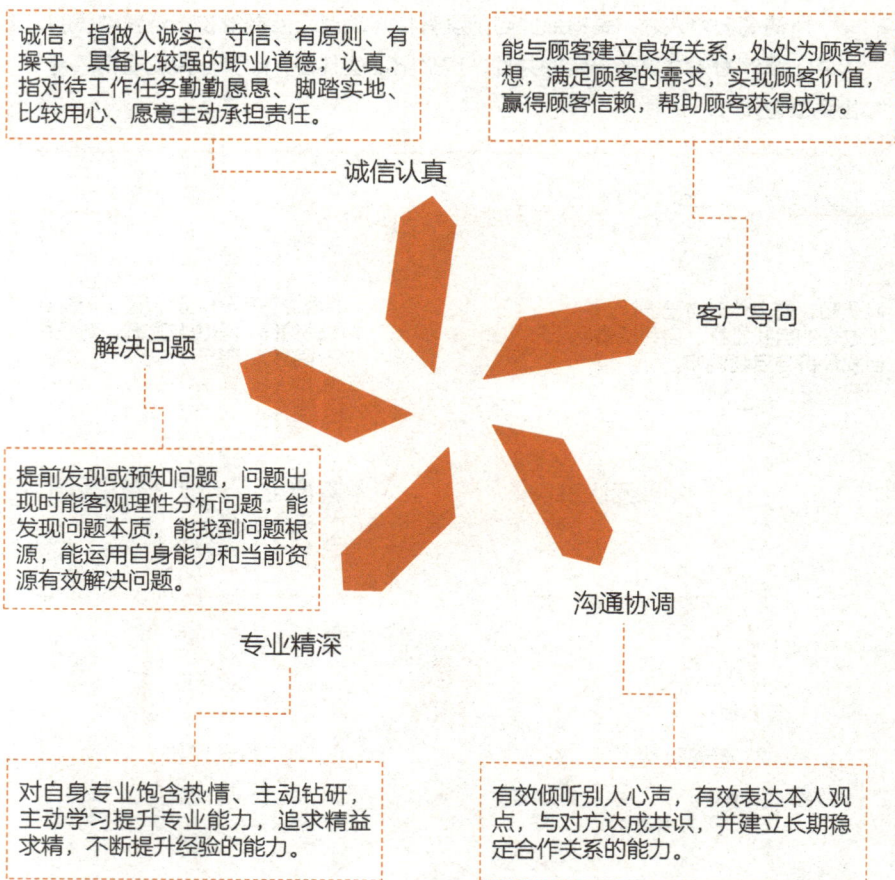

诚信，指做人诚实、守信、有原则、有操守、具备比较强的职业道德；认真，指对待工作任务勤勤恳恳、脚踏实地、比较用心、愿意主动承担责任。

能与顾客建立良好关系，处处为顾客着想，满足顾客的需求，实现顾客价值，赢得顾客信赖，帮助顾客获得成功。

诚信认真

客户导向

解决问题

提前发现或预知问题，问题出现时能客观理性分析问题，能发现问题本质，能找到问题根源，能运用自身能力和当前资源有效解决问题。

沟通协调

专业精深

对自身专业饱含热情、主动钻研，主动学习提升专业能力，追求精益求精，不断提升经验的能力。

有效倾听别人心声，有效表达本人观点，与对方达成共识，并建立长期稳定合作关系的能力。

小贴士

以上 5 大通用能力框架和高潜力人才的 5 大通用特质都属于人才评价 3 大通用维度中的能力维度。

能力维度可以细分为素质、知识、技能和经验 4 类，高潜力人才的 5 大通用特质属于素质范畴，值得培养的人才的 5 大通用能力框架属于素质＋技能范畴。

1.2　选人框架 3 种应用场景

　　在人才选拔中设置岗位要求是为了给人才培养设置框架。客观有效地选拔人才有 3 种方法，分别是人岗匹配、人人匹配和角色匹配，这 3 种方法分别对应着不同的人才框架设计方法和不同的应用场景。人岗匹配对应着岗位胜任力，人人匹配对应着人才画像，角色匹配对应着角色模型。

1.2.1　人岗匹配

问题场景

1 你说的选拔人才的基本框架到底是指什么？

2 选人的基本框架就是建立一套人才模型，对着这套模型实施人才选拔。

3 具体要怎么用呢？

4 比如当团队有各岗位比较具体的能力需求时，可以采用人岗匹配的人才选拔方法。

5 人岗匹配就是人才和岗位要求的能力匹配对吗？

6 没错，人岗匹配就是"以岗对人"，或者叫"以岗找人"，就是把岗位需求变成选人的框架，再来选人。

问题拆解

有了岗位需求，就有了从事岗位的人才需求，所以要选准人才，先要明确岗位的需求。明确岗位需求可以采用岗位胜任力模型，通过岗位胜任力模型的要求来匹配人才特质，从而得到人岗匹配的效果。

方法与工具

工具介绍

胜任力（competency）

　　胜任力的概念最早是由哈佛大学心理学教授戴维·麦克利兰（David McClelland）于1973年正式提出的。麦克利兰教授也是人力资源管理基础理论工具冰山模型的提出者。随着胜任力概念的提出，麦克利兰教授提出了胜任力模型（competence model）的概念。

　　最早的岗位胜任力模型是为了研究和区分卓越绩效者与普通员工的差异，包括形象、认知、动机、特质、态度、价值观、知识、技能等维度的测量和区分。后来随着胜任力模型在实战中的应用发展，逐渐衍生出多种应用。

胜任力模型4大维度

指那些由个人自身特质决定的，比较根深蒂固、不太容易改变的东西，包括性别、年龄、性格、人格、智商、自我定位、忠诚度、人生观、世界观、价值观等。

指那些通过学习、查阅资料等后天学习得到的信息。包括专业、学历、学位、社会培训、证书、认证、专利以及岗位需要的知识等。

素质

知识

经验

技能

指某人从事一项工作的时间长短，技能和经验有一定相关性，但并非持续相关，一般来说，随着时间增加、经验的增长，技能的提升会趋于平缓。

指在一定知识的基础上，能够完成某个目标或任务的可能性，是一种知识的转化。知识和技能是不同的，只有知识没有技能是纸上谈兵。

应用解析

构建胜任力模型的 3 种方法

通过研究同类岗位上高绩效员工与低绩效员工的差异来建立胜任力模型。

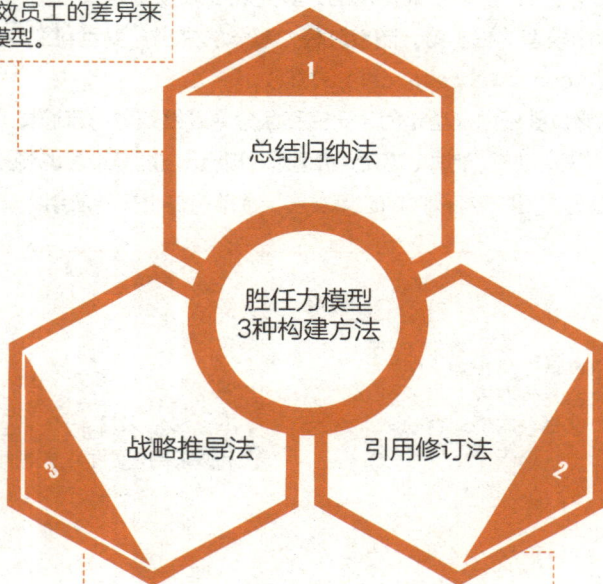

1

总结归纳法

胜任力模型
3种构建方法

3

战略推导法

引用修订法

2

本质是逻辑推理的过程，通过团队的核心价值观及战略规划对团队能力的要求推导并建立胜任力模型。

通过直接引用咨询公司、同行业优秀团队或对标团队的胜任力模型，视本团队实际情况修改后直接使用。

小贴士

素质维度反映"能不能"；知识维度反映"知不知道"；能力维度反映"会不会"；经验维度反映"做了多久"或"熟练程度"。

素质维度最重要，因为比较难改变。只要某人素质达标，三观正，知识、能力、经验 3 个维度都可以通过后天培养和努力获得。如果某人素质差，三观不正，性格有问题，再怎么培养也不会有好结果。

1.2.2 人人匹配

🔒 问题场景

1 岗位胜任力模型感觉有些专业，除了这种方法之外，还有别的方法吗？

2 除了"人岗匹配"之外，还可以采用"人人匹配"。

3 人人匹配就是把人和人做匹配？

4 人岗匹配用到的是岗位胜任力模型，人人匹配用到的是人才画像。

5 这两者听起来好像是一回事。

6 不一样的，人才画像是"以人对人"或者"以人找人"。当从事某岗位的高绩效人才具备一些明显特质时，就可以采用人人匹配。

问题拆解

通过做好岗位的高绩效人才特质，匹配岗位需要的人才特质，可以得到"人人匹配"的效果。岗位胜任力模型和人才画像都可以用来解决选人框架问题，它们功能相似，原理相似，存在一定关联性，但这两种工具的定位有所不同。只有岗位没有人时，可以用人岗匹配；既有岗位又有人时，可以用人岗匹配，也可以用人人匹配。

方法与工具

工具介绍

人才画像

人才画像指岗位所需人才的基本属性。通过描绘人才画像，能够精准定位出岗位所需人才的标准框架。围绕人才画像实施人才选拔，有助于提高人才选拔的效率和成功率。

很多猎头总能快速精准找到合适的人才，正是因为猎头掌握了人才画像的应用方法，猎头们会像专业侦探在破案前描绘罪犯画像一样，会像专业销售在开展销售之前描绘用户画像一样，在正式开展人才寻访工作前，认真描绘人才画像。

人才画像组成要素可以参考胜任力模型的要素划分，分成素质、知识、技能和经验，也可以做更细致、更个性的划分。

人才画像可以包含的维度

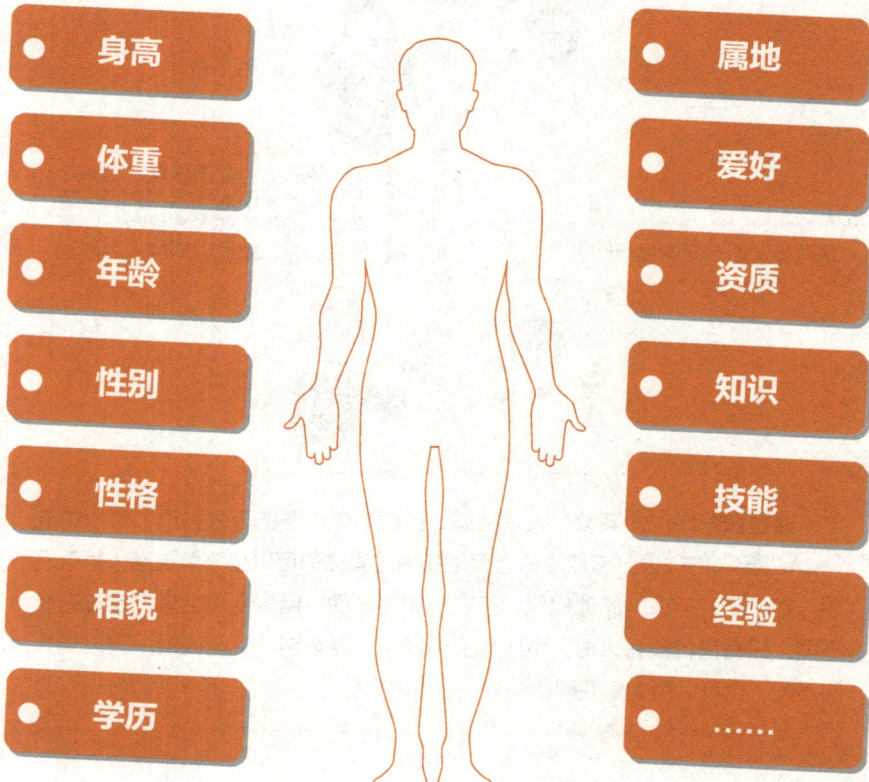

- 身高
- 体重
- 年龄
- 性别
- 性格
- 相貌
- 学历

- 属地
- 爱好
- 资质
- 知识
- 技能
- 经验
- ……

应用解析

人才画像的描绘方法

收集人才画像需要的数据信息。数据采集不是维度越多越好，也不是越细致越好，而是根据岗位实际需要，在关键维度上多采集数据，在无关维度上，较少采集数据或不采集数据。

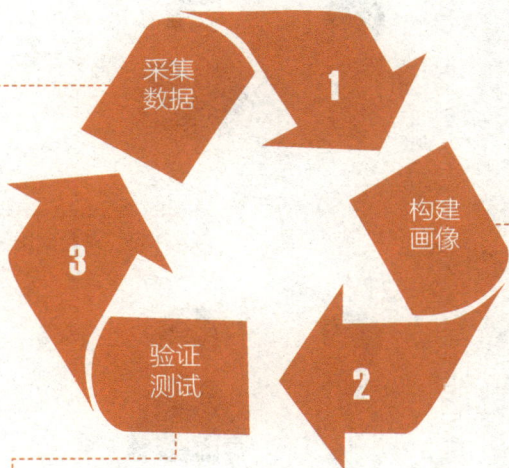

采集数据 **1**

构建画像 **2**

验证测试

3

人才画像初步描绘后，在正式应用前，需要论证，也就是验证测试的过程。可以给人才样本（高绩效员工）看，可以给人才样本的管理者看，还可以给外部专家看。

对采集后的数据，在进行整理归纳、分类汇总和关键信息提炼之后，能初步得到人才画像。可以加入一些场景描述或标签化描述，让人才画像更真实立体。

小贴士

1. 人才画像的作用更多是提供参考，人才有时不必与人才画像完全一致。

2. 实践是检验真理的唯一标准。好用的人才画像需要在实践中不断应用调整。

3. 团队对岗位的要求随环境变化而不断发展变化。人才画像应及时更新，随团队需要发展变化。

1.2.3　角色匹配

问题场景

1 人岗匹配和人人匹配的原理我明白了，可有时候团队有新业务，对需求的人才没有确定的岗位，也没有从事岗位的人，这时候该怎么办呢？

2 当人才需求比较模糊时，可以用"角色"来匹配。

3 角色指的是岗位职责吗？

4 不是，角色比岗位职责更聚焦。

5 角色可以是比较模糊方向吗？

6 可以的，角色不一定要非常明确，只要能达到形成选人框架的目的就可以。

问题拆解

　　除了"以岗找人"和"以人找人"之外，还有一种方式是"以角色找人"。当既没有已经存在的岗位，也没有在这个岗位上绩效比较好的人才可以参考时，团队管理者就可以根据角色来设计选人框架，最终达到"角色匹配"的效果。

方法与工具

工具介绍

角色匹配

　　角色匹配是运用角色的功能性，对需求进行定位，根据定位，选拔出适合从事该角色的人员。角色匹配中的角色可以是一个比较模糊的概念，它不需要像岗位胜任力模型一样具备非常明确的等级或具体的要求，也不需要像人才画像那样将人才描绘得过于细致，就能形成人才需求框架。

　　1985 年，迈克尔·波特教授（Michael E.Porter）提出了价值链（value chain）的概念，其含义是每个公司都可以用价值链来表示其产生价值的全过程。迈克尔·波特教授把公司的所有活动分成基本活动和辅助活动两类。价值链模型可以作为团队划分角色的方法之一。

用价值链划分角色案例

辅助活动	序列	管理序列	人力资源序列	财务管理序列		行政序列	
	角色	高层管理	人力资源	财务	审计	档案管理	行政文秘
	序列	技术序列		科研项目管理序列	质量控制序列		安环管理序列
	角色	技术研发	生产工艺	项目管理	质量检测	体系认证	安环管理
	序列	后勤保障序列					信息序列
	角色	保卫	司机	厨师	宿管	勤杂	信息管理
基本活动	序列	采购序列	生产序列				市场序列
	角色	物资供应	仓库管理	设备维修	生产实施	生产统计	市场开发维护 / 售后服务

应用解析

角色匹配应用案例

某互联网公司准备开发一款新功能型App。新App项目团队参照以往App项目团队的人员配置，将团队需要的6类角色、定位设置如下。

项目总负责人

定位：对整个团队和项目负责，是整个项目团队最高负责人和最终责任人，在项目团队中有最高权限。

产品项目经理

定位：项目中特定产品规划、定位，带领与产品相关的编程开发人员开展工作，引领产品开发。

视觉呈现设计

定位：产品功能结构排布和视觉呈现，保证产品功能呈现完整、界面友好、操作简单。

编程开发人员

定位：产品编程开发，根据产品项目经理对产品的规划，实现产品的功能预期。

功能测试人员

定位：产品功能测试，寻找产品开发和使用环节中呈现出的问题或潜在问题，促进产品功能完善。

产品运维人员

定位：产品上线后，负责产品稳定运行，定期维护产品，根据客户服务人员反馈问题，及时调整。

小贴士

人才画像的"人人匹配"、胜任力模型的"人岗匹配"和用角色来划分的"角色匹配"这三者之间既不矛盾，也不冲突。团队选拔人才时，可以根据需要把这3种工具合并使用，也可以使用这3种工具中的任何一种。

02

人才盘点

💎 本章背景

1 看别人团队，总觉得人才济济；
看自己团队，总觉得无人可用。

2 千里马常有，而伯乐不常有。

3 你的意思是问题在我？

4 当你发现身边的一切都是问题
时，那么通常问题的源头在你。

5 那我应该怎么办？

6 你可以尝试做一下人才盘点，
区分人才类别，找到优秀人才，
采取有针对性的人才策略。

背景介绍

人才盘点是团队管理者掌握当前团队成员基本情况的必要手段。通过对团队人才盘点呈现出的信息分析，团队管理者可以制定出用人方面的应对策略和行动计划，为后续对团队成员的培养、优化和调整提供信息依据。

2.1   人才盘点实施

优秀人才的获取渠道主要有两类：一类是外部招聘，一类是内部培养。外部招聘的人才对公司实际情况了解少，很难在短时间创造佳绩，甚至有时还会因水土不服造成流失，同时也会给公司造成伤害；内部培养人才则需要长期投入才可能实现，规划不到位容易在团队急需人才补充时，培养工作还没完成，产生人才高位使用，造成较大的用人风险。要缓解这两方面问题，都需要实施人才盘点。

2.1.1 人才盘点有什么用

问题场景

1 我听说过资产盘点、库存盘点、商品盘点，人才盘点还是第一次听说。

2 如果是为了快速理解，可以这样简单类比。

3 那我就照着盘点资产、库存、商品的方法来盘点人才可以吗?

4 不可以，它们之间虽有相同之处，却也有本质不同。

6 那些盘点的重心一般在盘点"数量"上，而人才盘点除了盘点数量，重心要放在盘点"质量"上。

5 有什么不一样?

问题拆解

　　人才盘点是结合团队当前的人才情况、组织能力和组织战略实现之间的一条无形纽带。通过对人才盘点呈现出来的有价值信息的分析，企业可以制订出具体的、详细的、组织层面的行动计划，保障组织能够得到需要的人才，落实团队业务战略，实现可持续增长。

🔑 方法与工具

工具介绍

人才盘点

　　人才盘点是一项"过程"工作，而不是结果工作。人才盘点本身并不直接产生价值，只是对人才现状的梳理，是把团队人才相关信息具体化和明晰化的过程。

　　人才盘点分成两种，一种是人才数量盘点，一种是人才质量盘点。人才质量盘点比人才数量盘点更有价值。

人才数量盘点

A团队	B团队	C团队

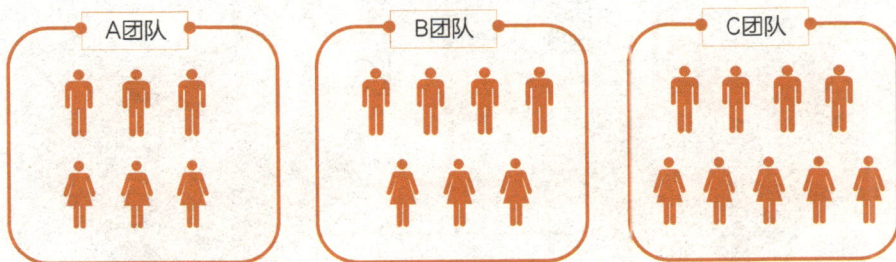

人才质量盘点

A团队	B团队	C团队

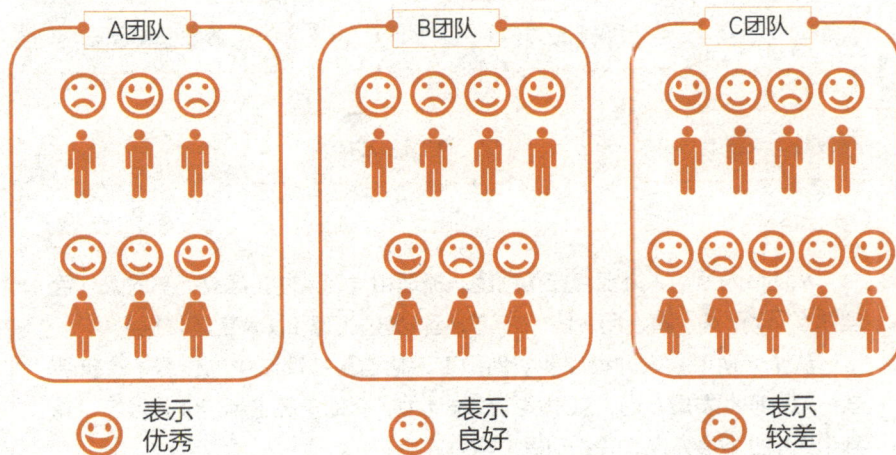

😊 表示优秀　　　🙂 表示良好　　　🙁 表示较差

应用解析

人才盘点的两大作用

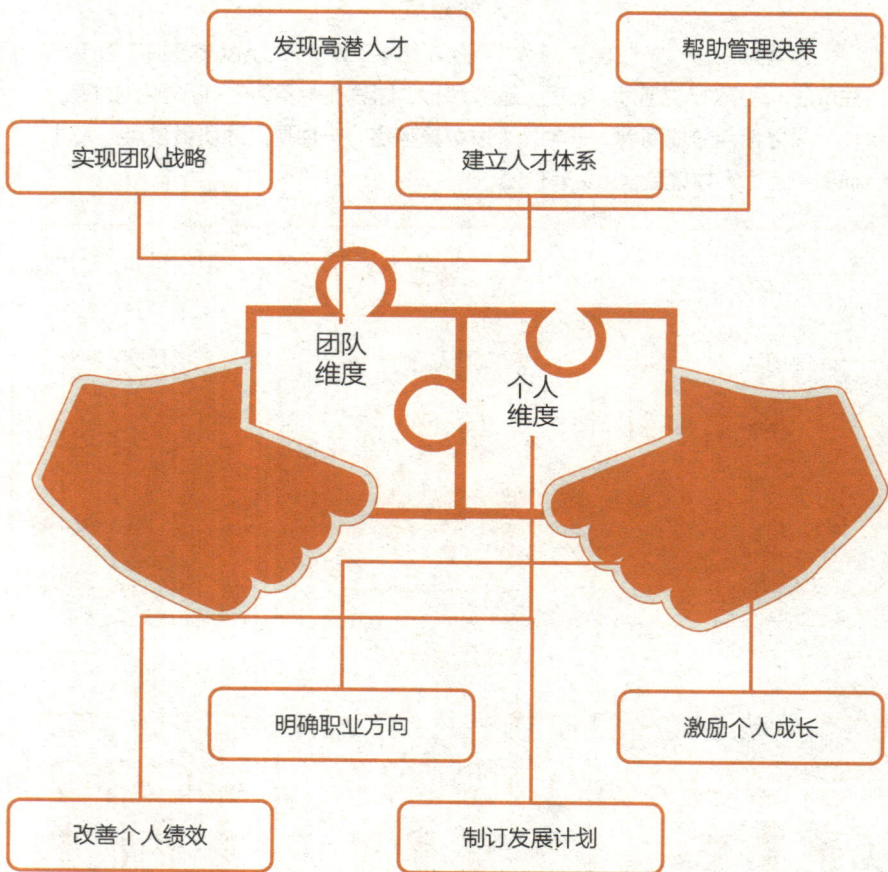

发现高潜人才

帮助管理决策

实现团队战略

建立人才体系

团队维度

个人维度

明确职业方向

激励个人成长

改善个人绩效

制订发展计划

小贴士

从团队角度，人才盘点能帮助团队梳理和发现人才，建立完善的人才管理体系，为"选、育、用、留"的有效运行提供管理和决策上的依据。

从个人角度，人才盘点能帮助员工评估自身在团队中的位置，改善绩效，明确职业发展方向，激发员工成长动力，有助于员工制定绩效目标，找到个人职业发展方向，并主动提高能力。

2.1.2 如何盘点人才质量

🔒 问题场景

1 盘点人才质量就是判断哪些人才是优秀人才，哪些是较差人才吧？

2 可以简单理解成这个意思，但不确切。

3 怎么说呢？

4 简单理解很容易陷入"是非观"，人才盘点依然要按照维度观，从不同维度上做人才盘点。

5 我知道了，就是根据岗位胜任力或人才画像来划分吧？

6 不全是，岗位胜任力模型只是评估能力这个单一维度，人才盘点评价的维度更广泛。

问题拆解

　　对人才质量的盘点同样不是简单地用是非观评价"好与坏"，而是按照维度观，在盘点前先划分维度，根据不同的维度实施人才盘点。至于划分成哪些维度，可以根据团队文化和具体需要来定。

方法与工具

工具介绍

盘点人才质量的 3 大通用维度

不同团队盘点人才质量的维度通常存在一定差异，但有差异也有相同，不论哪种人才质量盘点方法，最终都指向最常见的 3 个维度，分别是态度、能力和绩效维度，即前文中所说的人才评价的 3 大通用维度。

盘点人才质量的 3 大通用维度

为了把自己的工作做好，员工愿意付出多大的努力，就是员工愿不愿意把工作做好。员工的价值观、敬业度、满意度等，一般属于态度维度的内容。

态度

能力

绩效

员工有没有能力把工作做好，或者员工做好工作的可能性有多大。员工的潜质、潜力、潜能等，一般属于能力维度的内容。

员工有没有实际上把工作做好。员工的绩效评级、工作成果、工作评价等，一般属于绩效维度的内容。

应用解析

盘点人才质量 3 大通用维度应用

	态度	能力	绩效
	☺	☺	☹
	☻	☹	☹
	☺	☻	☻

☻ 表示优秀　　☺ 表示良好　　☹ 表示较差

小贴士

　　团队可以在上面表格的基础上根据自身情况和需要进行丰富完善。例如，可以在态度、能力和绩效模块内做进一步细分。当员工的岗位相同、岗位需要的能力和绩效指标都相同，彼此间具备一定可比性时，这 3 个维度中的每个维度都可以再做细分，便于彼此比较。

2.1.3　如何实施人才盘点

问题场景

1　明白了，我现在要盘点人才质量，只需要划分出维度，然后在不同维度上做判断就可以了吧？

2　这种临阵磨枪式的人才盘点通常效果不好，应该在一段时间前先划分好盘点维度。

3　我只需要事前划分维度就可以了是吧？事前划分与临时划分有什么区别？

4　如果只靠一个人的主观判断确实没区别，之所以要事前划分，就是要事先设计不同维度的评判方法。

5　我也觉得主观判断不妥，那应当如何判断呢？

6　不同维度可以采用不同的评判方法，原则是客观+主观，单向+多向。

问题拆解

　　临时的、主观的人才盘点会让人才盘点效果大打折扣。实施人才盘点前，要事前规划出人才盘点的维度，以及不同维度的评价方法。要避免纯粹的主观评价，让主观和客观评价相结合；要避免单向的评价，让单向和多向评价相结合。

方法与工具

工具介绍

人才盘点评判方法

准确盘点人才质量，需要方法的支持。要准确测评人才态度、能力和绩效 3 个维度，所需要的人才盘点的方法和工具也有所不同。

盘点人才质量的 3 个维度及其测评方法

判断员工的态度，可以采用日常观察、定期访谈、同事评价等方法

态度测评

能力测评

判断员工的能力，可以对照岗位胜任力模型，通过笔试、口试等能力测评方式判断。
对于某些特殊能力，也可以通过情景模拟、角色扮演、专家访谈等方式判断。

判断员工的绩效，可以根据工作目标和工作成果的完成情况判断，具体形式可以包括业绩排名、数据比较、工作述职、多方评估等方法。

绩效测评

应用解析

举例：通过强制排序法盘点人才

无法判断员工好坏优劣时，怎么办？
可以采取强制排序法，其核心是建立一个排行榜，把员工按某种规则从高到低排列。
例如某销售团队5位销售专员排序结果如下。

被评价人	工作态度	团队意识	执行力	业务能力	汇总平均	最终排序
张三	4	3	1	5	3.25	3
李四	1	2	2	1	1.5	1
王五	2	1	4	2	2.25	2
赵六	3	5	3	3	3.5	4
徐七	5	4	5	4	4.5	5

注：上表中的数字代表排序，数字越小代表排序越靠前。

小贴士

　　实施强制排序时，可以采用两种不同做法，一种是直接排序，另一种是交替排序。直接排序就是直接从高到低排序；交替排序法则不按顺序，可以先排第一名，再排最后一名，再排第二名，再排倒数第二名，前后交替依次排序。这两种方法没有好坏之分，主要根据评价人的应用习惯和实际需要而定。

2.2　人才盘点分析

　　既然可以在态度、能力和绩效 3 个维度进行人才质量盘点分析，这 3 个维度之间就既可以放到一起分析，也可以单独分析。如果放在一起分析，可以把其中两个维度放在一起分析，也可以把 3 个维度放在一起分析。

2.2.1 如何从单维度分析

🔒 问题场景

1 终于知道怎么正确实施人才盘点了！

2 只有人才质量盘点结果还不够，人才盘点的目的是解决问题，人才盘点结果只是解决问题的第一步。

3 那接下来要怎么做呢？

4 接下来就要开始做人才盘点结果的分类分析了。

5 怎么分析呢？

6 3个维度正好对应着3种常见的分析方法，分别是单维度分析、双维度分析和三维度分析。

问题拆解

　　人才盘点的关键是对结果的应用，如果不应用人才盘点的结果，人才盘点将变得毫无意义。而人才盘点结果应用的前一步是分析人才盘点的结果。

方法与工具

单维度人才质量盘点

单维度人才质量盘点指针对单个维度实施人才盘点和分析，这种人才盘点中最常见的分析方法是数量平面结构图法，就是根据员工单个维度上不同程度的数量情况，画出数量结构比例对应的图形，并判断图形的优劣。

单维度人才质量盘点应用和分析原理

某团队共10人，经员工能力盘点，发现能力优秀者有1人，能力中等者有2人，能力较差者有7人。此时该团队能力结构呈现出1：2：7的数量关系。这种数量关系呈现出一种金字塔结构。这种员工能力结构对团队未来发展显然是比较不利的，应当制订员工培养计划，及时提升员工能力。

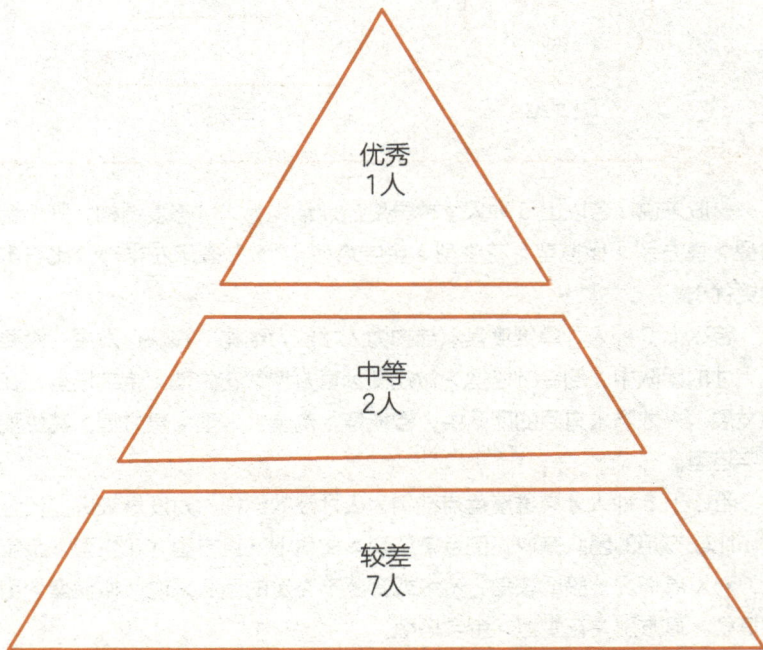

优秀
1人

中等
2人

较差
7人

应用解析

单维度人才质量盘点的 5 种常见形态结构

橄榄型

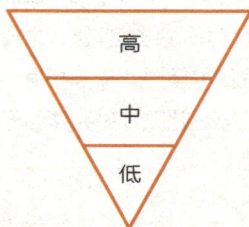

倒金字塔型

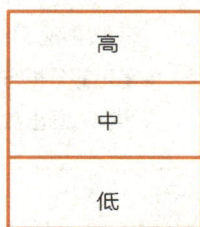

直方型

花生型

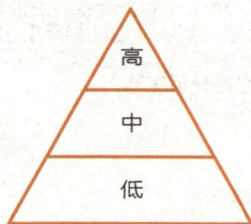

金字塔型

小贴士

　　一般来说，若以上 5 种人才单维度盘点结构为人才态度结构，则倒金字塔型＞直方型＞橄榄型＞花生型＞金字塔型（"＞"表示左半部分比右半部分更优）。

　　若以上 5 种人才单维度盘点结构为人才能力结构，在快速发展、需要大量人才的团队中，倒金字塔型＞橄榄型＞直方型＞花生型＞金字塔型；在平稳发展、人才需求有限的团队中，橄榄型＞倒金字塔型＞直方型＞花生型＞金字塔型。

　　若以上 5 种人才单维度盘点结构为人才绩效结构，对发展较好、资金或资源比较充足的团队来说，倒金字塔型＞橄榄型＞直方型＞花生型＞金字塔型；对发展情况一般或较差、资金或资源不充足的团队来说，橄榄型＞倒金字塔型＞直方型＞花生型＞金字塔型。

2.2.2 如何从双维度分析

问题场景

1 双维度人才盘点分析用得比较多吗?

2 挺多的,这种方法是最常用的人才盘点分析方法。

3 似乎不论把哪两个维度放在一起分析,都有一个维度没有考虑到。

4 没错,所以这种方法在应用时难免存在局限性。

5 难道每次做人才盘点分析的时候,都要把3个维度两两组合后分析一遍?

6 不需要那样,实际应用时可以选择两个主要维度分析,另一个维度作为次要维度,分析时把这个维度考虑进去。

问题拆解

　　双维度人才盘点分析是现实中最常用的,这种分析方法的呈现方式比较容易被理解。应用时可以选择两个主维度,另一个维度作为次要维度。在分析时先分析主维度,再分析次要维度。

方法与工具

工具介绍

双维度人才质量盘点

　　双维度人才质量盘点通常是针对人才质量盘点中某两个维度实施的分析，这种分析最常见的分析方法是坐标轴法，就是以某一维度为横轴，另一维度为纵轴，在坐标轴中设定高低大小关系，根据不同类别特点，采取应对措施。

　　因这种方法最常被应用，除了从常用的态度、能力和绩效 3 个维度中选择两个维度进行人才质量盘点外，还可以运用坐标轴法从战略－稀缺、敬业－贡献、重要－难易和智商－情商等不同的二维角度和不同应用场景进行人才盘点。

双维度人才质量盘点应用和分析原理

某团队管理者评价内部员工情况时，按照情商和智商两个维度划分，将所有员工分成4种类别，用坐标轴法表示如下。

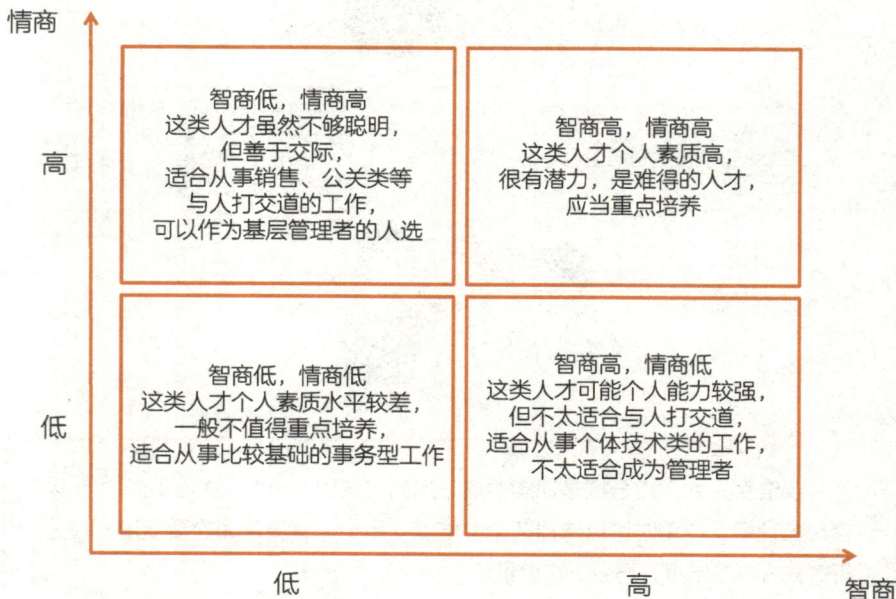

情商

高	智商低，情商高 这类人才虽然不够聪明， 但善于交际， 适合从事销售、公关类等 与人打交道的工作， 可以作为基层管理者的人选	智商高，情商高 这类人才个人素质高， 很有潜力，是难得的人才， 应当重点培养
低	智商低，情商低 这类人才个人素质水平较差， 一般不值得重点培养， 适合从事比较基础的事务型工作	智商高，情商低 这类人才可能个人能力较强， 但不太适合与人打交道， 适合从事个体技术类的工作， 不太适合成为管理者
	低　　　　　　高	智商

应用解析

态度－能力 4 宫格人才质量盘点工具

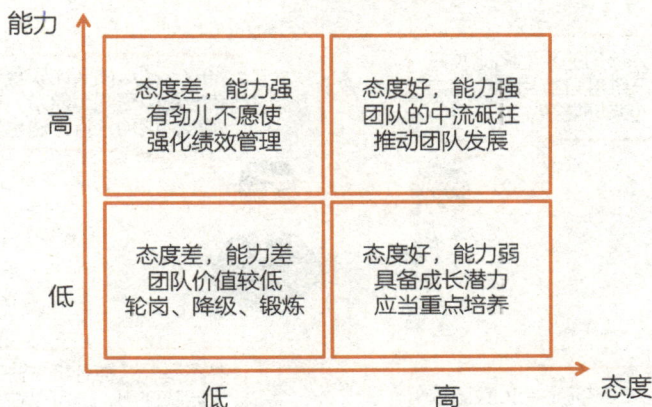

能力

高	态度差，能力强 有劲儿不愿使 强化绩效管理	态度好，能力强 团队的中流砥柱 推动团队发展
低	态度差，能力差 团队价值较低 轮岗、降级、锻炼	态度好，能力弱 具备成长潜力 应当重点培养
	低	高 态度

绩效－能力 9 宫格人才质量盘点工具

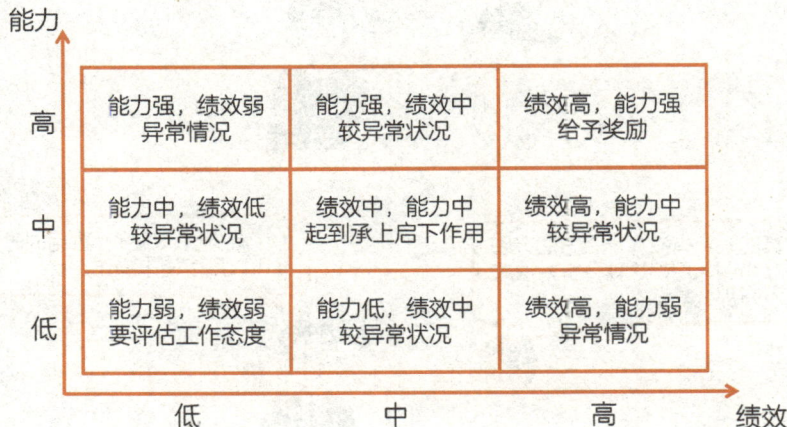

能力

高	能力强，绩效弱 异常情况	能力强，绩效中 较异常状况	绩效高，能力强 给予奖励
中	能力中，绩效低 较异常状况	绩效中，能力中 起到承上启下作用	绩效高，能力中 较异常状况
低	能力弱，绩效弱 要评估工作态度	能力低，绩效中 较异常状况	绩效高，能力弱 异常情况
	低	中	高 绩效

小贴士

　　选择哪两个维度实施人才质量盘点，可以根据团队实际情况和具体需要，应用时也要同时考虑没有用到的维度。采用 4 宫格还是 9 宫格划分人才质量盘点的维度可以根据团队人员数量来决定，当团队人数较少时，可以采用 4 宫格，当团队人数较多时，可以采用 9 宫格。

2.2.3 如何从三维度分析

问题场景

1 双维度分析用的平面图比较好理解，三维度分析用的空间结构图看起来好复杂。

2 是的，图形确实比较复杂，需要一定的空间想象力，但相对而言，这种分析方法也最全面。

3 这种方法应该只适合人数比较多的团队，不适合小团队吧？

4 并不是，这种分析方法可以在大团队使用，也可以在小团队使用。

5 真的吗？有没有什么方法可以让小团队用起这种分析方法来没有那么复杂？

6 为了减少复杂程度，应用的时候可以用表格来操作。

问题拆解

三维度人才盘点分析方法虽然看起来比较复杂，但相对也比较全面。这种分析方法不仅适用于人数较多的大团队，对人数较少的小团队同样适用。为了减少分析的复杂程度，可以用表格来辅助应用。

方法与工具

工具介绍

三维度人才质量盘点

　　三维度人才质量盘点指针对人才质量盘点的三个维度同时实施盘点和分析，这种分析中最常见的分析方法是空间结构图法，就是以三个维度为单位，画出空间结构图，参照类似坐标轴法的分析方法，对人才类别实施分类。根据不同类别的特点，采取相应的应对措施。

三维度人才质量盘点应用和分析原理

　　某团队管理者把人才按照绩效、能力、态度3个维度实施人才质量盘点，把人才的绩效、能力、态度3个维度划分成高、低两种层级比较，形成人才质量盘点的8方格魔方。

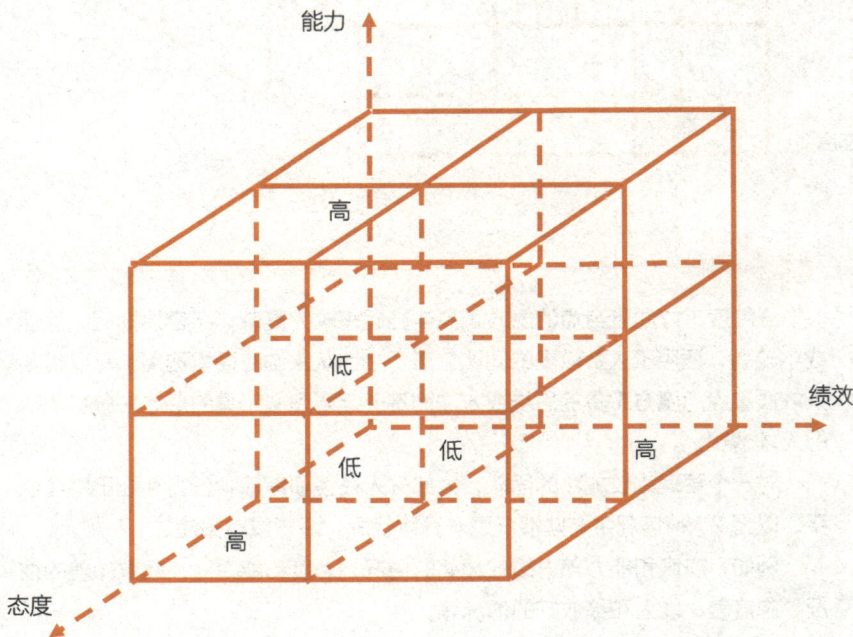

应用解析

三维度人才质量盘点魔方

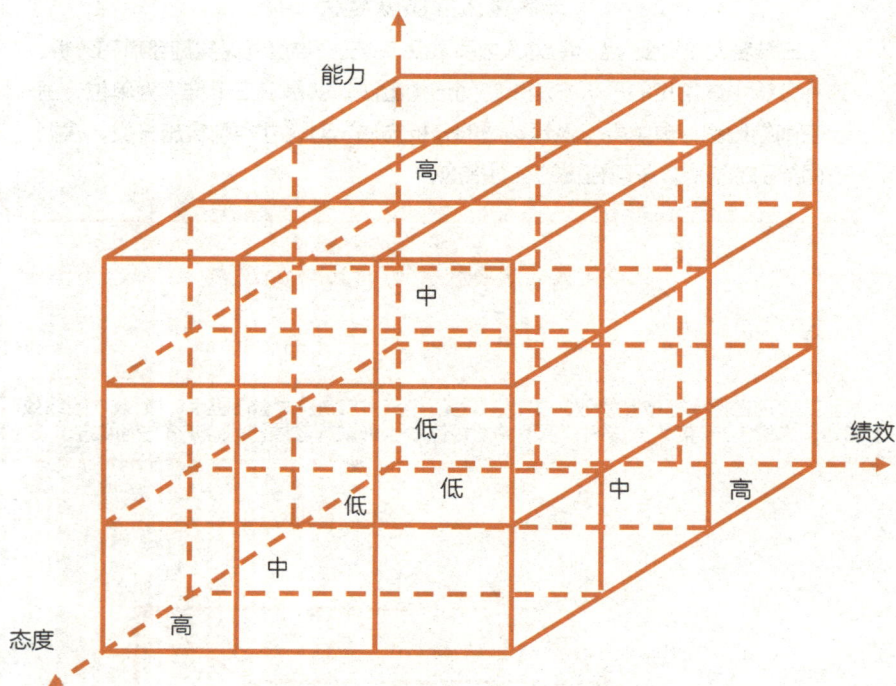

能力

高

中

低

低 低 中 高 绩效

态度

中

高

小贴士

三维度人才质量盘点的魔方工具实施起来较为复杂，不容易把握，管理成本较高，适用于人数较多的团队。对于小团队来说应谨慎选用，可以借鉴人才质量盘点魔方工具的思维或方法而不一定要照搬工具的形态来分析团队的人才情况。

对一个管理比较成熟的团队，大部分人在各项指标中应当都处于中等水平。以上 27 种情况中有些情况属于异常状况，需要重点关注。

例如，态度和能力差、绩效却高的情况；态度和能力好、绩效却差的情况；态度差、能力和绩效好的情况等。

2.3　人才盘点应用

人才盘点在现实公司团队中被广泛应用，尤其在优秀公司中的应用，值得团队管理者借鉴学习。其中人才盘点方法论应用比较典型的公司分别是阿里巴巴、华为和京东。本节介绍这3家公司的人才盘点应用方法。

2.3.1 阿里巴巴的人才盘点

问题场景

1 有哪些人才盘点做得好的实际公司的案例吗？

2 阿里巴巴的人才盘点做得相对较好。

3 这应该是因为阿里巴巴的规模比较大，管理比较正规吧？

4 不全是，阿里巴巴在2008年就开始做人才盘点了，主要源于创始人马云的高度重视。

5 看来人才盘点还是需要自上而下推广啊，这项工作应该主要由人力资源部来做吧？

6 并不是，人才盘点是全公司的事，每个团队管理者在人才盘点中都肩负着重要的人才评价和调整等职责。

问题拆解

　　人才盘点需要最高领导层的支持，需要整个团队参与。阿里巴巴是中国公司中少有的对人才盘点高度重视的公司，领导层非常重视人才盘点。在人才盘点的会议上，领导层会认真梳理手中的"王牌"。据说，其灵感来源于GE（美国通用电气公司）的首席执行官杰克·韦尔奇（Jack Welch）。

🔑 方法与工具

阿里巴巴的人才盘点

阿里巴巴根据员工的价值观和业绩的不同，把员工分成 5 种类别，并以动物的名称描述，分别是明星、牛、狗、野狗、兔子。

在这 5 类人才中，明星的比例为 20% ~ 30%；牛、兔子和野狗的比例为 60% ~ 70%，狗的比例为 10%。阿里巴巴鼓励管理者给自己的下属打分，并且根据这个比例原则对员工进行强制排序。

阿里巴巴人才盘点的人员分类

业绩
performance

野狗 wild dog 指业绩非常优秀，但价值观和阿里巴巴不符的人才		**明星** star 指价值观和阿里巴巴非常相符，业绩也非常优秀的人才
	牛 bullring 指价值观基本相符、业绩中等的人才	
狗 dog 指业绩和价值观都不达标的人		**兔子** rabbit 指价值观虽然与阿里巴巴相符，但没有业绩的老好人

价值观
value

应用解析

阿里巴巴人才盘点关注的 3 大层面

在企业层面，主要关注3点：
（1）业务布局，企业年度的战略和目标。
（2）人才整体结构各维度的数据，包括员工层级分布、职能分布、工龄情况、年龄情况、性别情况、学历情况、地域情况、入职情况、离职情况等。
（3）关键人才分布情况，包括关键人才现状、重点人才的发展情况等。

在个人层面，主要关注5点：
（1）个人的价值观情况。
（2）个人的绩效情况。
（3）个人的能力情况。
（4）个人的特质情况。
（5）个人的潜质情况。

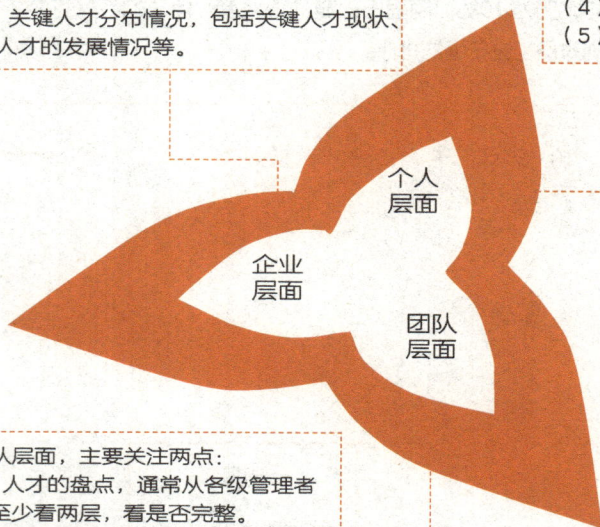

个人层面

企业层面

团队层面

在团队层面，主要关注两点：
（1）人才的盘点，通常从各级管理者往下至少看两层，看是否完整。
（2）团队管理行为的盘点，包括团队雇佣了什么人、解雇了什么人、调来了哪些人、调走了哪些人、表扬了哪些人、批评了哪些人等。

小贴士

针对人才盘点的结果，阿里巴巴采取的策略是消灭"狗"和"野狗"，请走"老白兔"（长期人才盘点结果被评为"兔子"的人）。"狗"因为业绩和价值观都不达标，所以要坚决清除；"野狗"虽然业绩达标，但是价值观不符，可能会呈现出强大的反作用力。

小公司的成败在于聘请什么样的人，大公司的成败在于开除什么样的人。大公司中有很多老白兔，不干活，并且慢慢会传染更多的人。

2.3.2 华为的人才盘点

问题场景

1 听说华为的团队管理做得不错，华为也有人才盘点吗?

2 有的，华为和阿里巴巴在人才盘点上的定位和做法比较类似。

3 都是为了做员工岗位晋升或调整吧?

4 不仅如此，还可以让团队与员工间形成"共同体"。

5 什么共同体? 有什么用?

6 首先是形成利益共同体，然后逐渐形成命运共同体，这样做有助于实现员工激励。

问题拆解

　　通过人才质量盘点得到优秀人才，给予奖励，能够让团队与人才间形成利益共同体。对特别优秀的人才，可以给予股权激励或合伙人制度，让团队与人才间形成深度利益相关，从而形成命运共同体。共同体解决了员工"为谁工作"的问题，如果是共同体，员工是为自己工作，工作积极性更高。

方法与工具

工具介绍

华为的人才盘点

在人才质量盘点方面，华为曾采取过比较经典的二维盘点工具，将人才按绩效和素质分成两个维度。其中，绩效维度主要指的是员工的绩效结果评价情况。素质维度主要指的是员工的态度和能力情况。

华为绩效 – 素质二维人才质量盘点示意

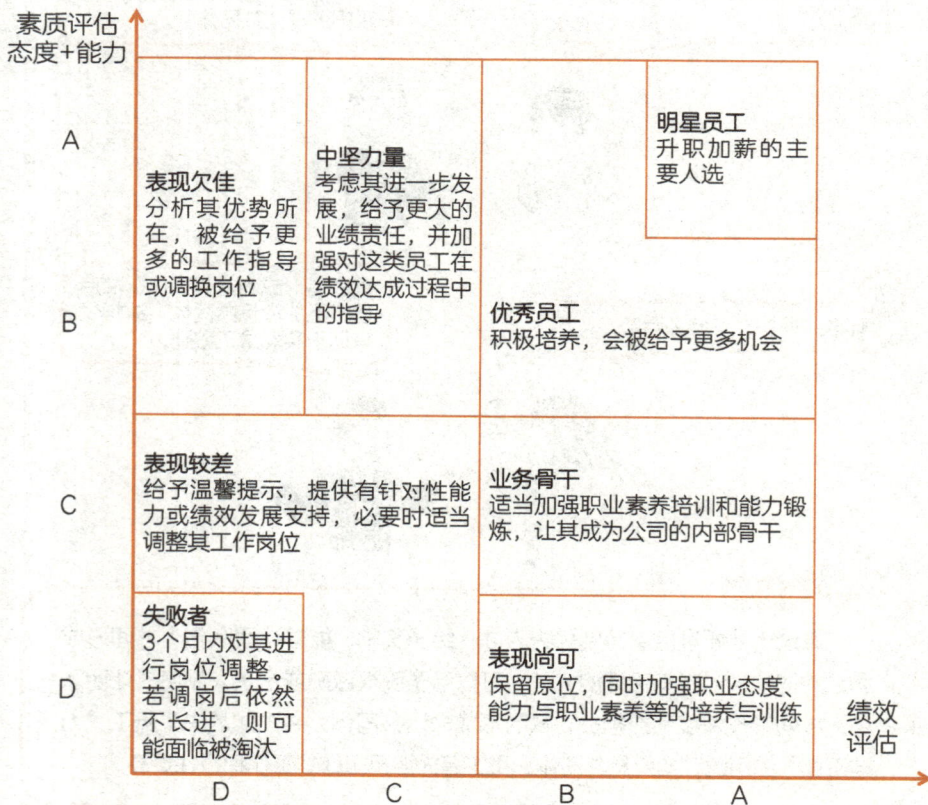

素质评估
态度+能力 ↑

A

表现欠佳
分析其优势所在，被给予更多的工作指导或调换岗位

中坚力量
考虑其进一步发展，给予更大的业绩责任，并加强对这类员工在绩效达成过程中的指导

明星员工
升职加薪的主要人选

B

优秀员工
积极培养，会被给予更多机会

C

表现较差
给予温馨提示，提供有针对性能力或绩效发展支持，必要时适当调整其工作岗位

业务骨干
适当加强职业素养培训和能力锻炼，让其成为公司的内部骨干

D

失败者
3个月内对其进行岗位调整。若调岗后依然不长进，则可能面临被淘汰

表现尚可
保留原位，同时加强职业态度、能力与职业素养等的培养与训练

绩效
评估 →

D　　　C　　　B　　　A

应用解析

华为人才盘点岗位评估组织机构图

单元格内信息含义：
所在部门现有人数/部门编制总人数

单元格旁信息含义：
过往连续4次绩效评估结果
司龄年限/工龄年限
职位等级/从事职位年限

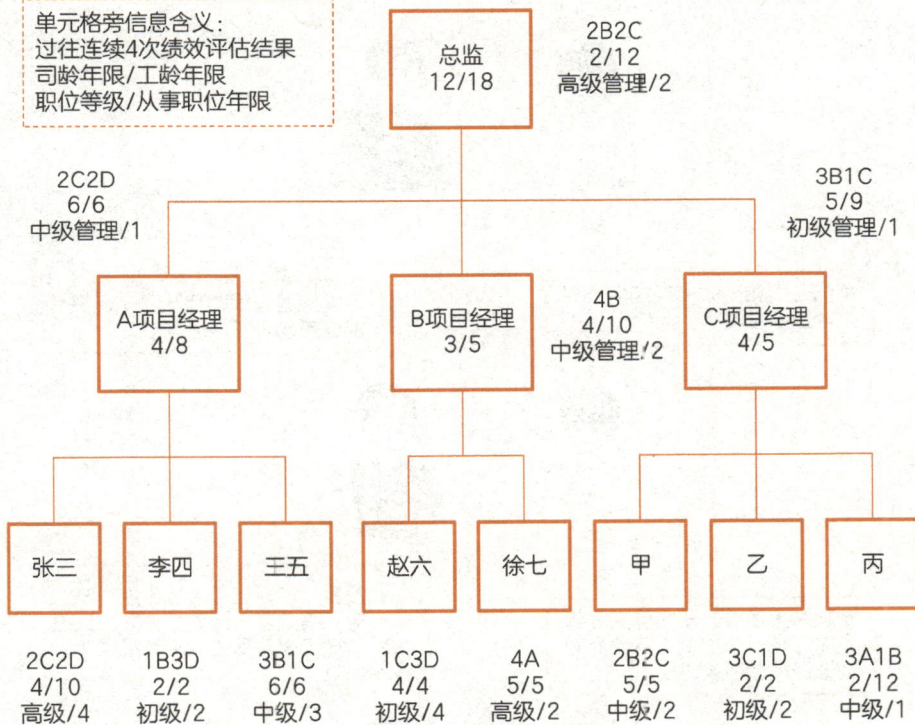

```
                        总监        2B2C
                        12/18       2/12
                                    高级管理/2

2C2D                                              3B1C
6/6                                               5/9
中级管理/1                                        初级管理/1

    A项目经理        B项目经理      4B        C项目经理
    4/8             3/5           4/10       4/5
                                  中级管理/2

  张三    李四    王五    赵六    徐七    甲      乙      丙

  2C2D    1B3D    3B1C    1C3D    4A      2B2C    3C1D    3A1B
  4/10    2/2     6/6     4/4     5/5     5/5     2/2     2/12
  高级/4  初级/2  中级/3  初级/4  高级/2  中级/2  初级/2  中级/1
```

小贴士

岗位评估组织机构图是将团队编制情况、团队内部各成员绩效情况、司龄情况、职位等级情况等表示在一张组织机构图中，用以快速判断、查找和发现团队问题。

把人才盘点结果与组织机构图结合在一起，再加上岗位关键信息，就成了人才盘点后帮助决策的工具。上图在实施团队人员管理与评价时能做到结果一目了然，从而能有效提升管理效率。

2.3.3　京东的人才盘点

问题场景

1 阿里巴巴的人才盘点更关注价值观和业绩，分别对应着态度和绩效维度，有没有公司的人才盘点更关注能力和绩效维度的？

2 有，京东的人才盘点就是按照潜力和绩效这两个维度来划分的。

3 不同公司和团队一般如何选择人才盘点维度？

4 可以根据公司和团队文化、需求导向或内部讨论得出。

6 没错，实际应用人才盘点方法时，绩效一定要关注的。这毕竟代表着员工的工作成果嘛。

5 看起来大多数公司实施人才盘点时都在一个维度上不约而同地选择关注绩效。

问题拆解

　　人才盘点的维度应按需设定。团队在选择人才盘点维度时，可以根据文化特点，可以根据团队需求，也可以通过内部讨论。绩效一般被认为是人才盘点维度中最重要的。

方法与工具

工具介绍

京东的人才盘点

京东曾采用经典的二维人才质量盘点工具，以潜力和绩效作为人才质量盘点的两个维度。每个维度分成高、中、低3个层级。潜力指的是人才值得培养的程度，绩效指的是绩效结果。

京东人才盘点的人员分类

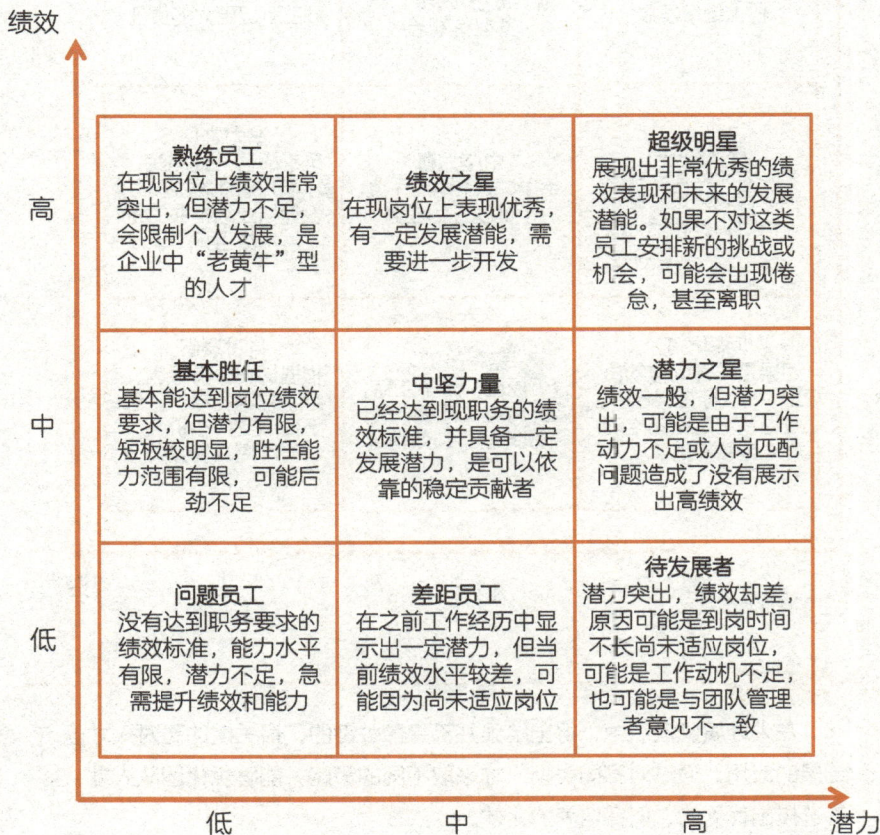

绩效

	低	中	高
高	**熟练员工** 在现岗位上绩效非常突出，但潜力不足，会限制个人发展，是企业中"老黄牛"型的人才	**绩效之星** 在现岗位上表现优秀，有一定发展潜能，需要进一步开发	**超级明星** 展现出非常优秀的绩效表现和未来的发展潜能。如果不对这类员工安排新的挑战或机会，可能会出现倦怠，甚至离职
中	**基本胜任** 基本能达到岗位绩效要求，但潜力有限，短板较明显，胜任能力范围有限，可能后劲不足	**中坚力量** 已经达到现职务的绩效标准，并具备一定发展潜能，是可以依靠的稳定贡献者	**潜力之星** 绩效一般，但潜力突出，可能是由于工作动力不足或人岗匹配问题造成了没有展示出高绩效
低	**问题员工** 没有达到职务要求的绩效标准，能力水平有限，潜力不足，急需提升绩效和能力	**差距员工** 在之前工作经历中显示出一定潜力，但当前绩效水平较差，可能因为尚未适应岗位	**待发展者** 潜力突出，绩效却差，原因可能是到岗时间不长尚未适应岗位，可能是工作动机不足，也可能是与团队管理者意见不一致

低　　　　中　　　　高　　　潜力

应用解析

京东人才盘点的应对策略

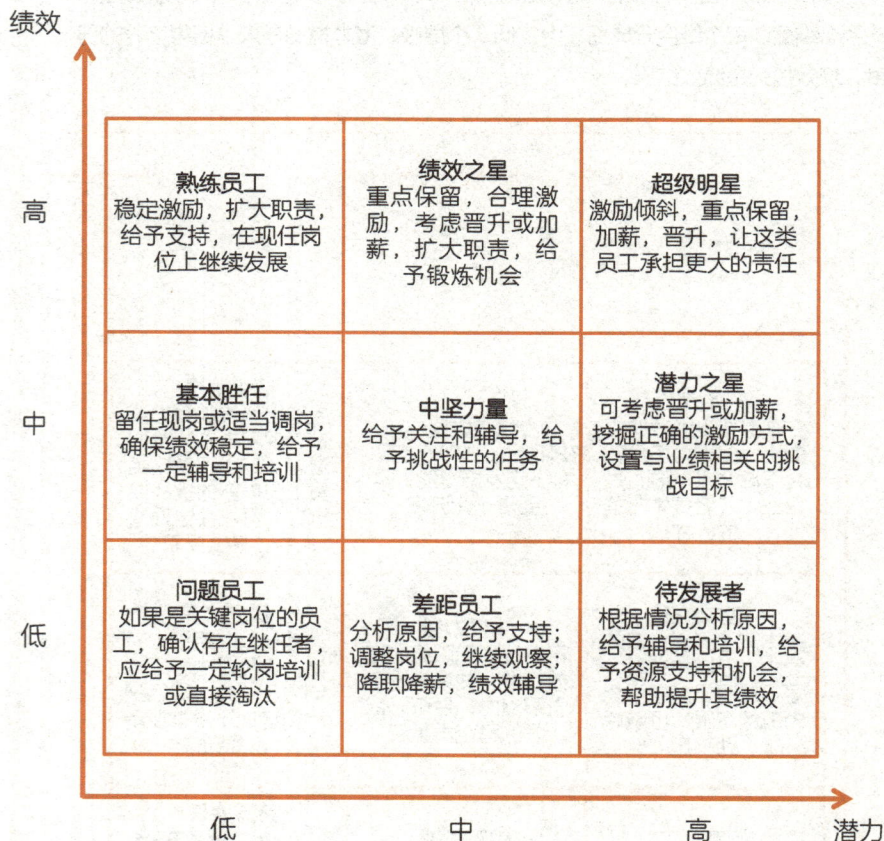

绩效

高

| 熟练员工 | 绩效之星 | 超级明星 |
| 稳定激励，扩大职责，给予支持，在现任岗位上继续发展 | 重点保留，合理激励，考虑晋升或加薪，扩大职责，给予锻炼机会 | 激励倾斜，重点保留，加薪，晋升，让这类员工承担更大的责任 |

中

| 基本胜任 | 中坚力量 | 潜力之星 |
| 留任现岗或适当调岗，确保绩效稳定，给予一定辅导和培训 | 给予关注和辅导，给予挑战性的任务 | 可考虑晋升或加薪，挖掘正确的激励方式，设置与业绩相关的挑战目标 |

低

| 问题员工 | 差距员工 | 待发展者 |
| 如果是关键岗位的员工，确认存在继任者，应给予一定轮岗培训或直接淘汰 | 分析原因，给予支持；调整岗位，继续观察；降职降薪，绩效辅导 | 根据情况分析原因，给予辅导和培训，给予资源支持和机会，帮助提升其绩效 |

低　　　　　中　　　　　高　　　潜力

小贴士

　　在人才质量盘点中，得出结果并不是最关键的，最关键的是对人才盘点结果的应用。通过对不同类型人才采取不同的策略，能够优化团队人才，能够选拔出优秀的、值得培养的人才。

03

人才梯队

💎 **本章背景**

1 我真怕员工离职，每次有员工离职我都非常被动，尤其是管理干部或关键岗位的员工离职，伤筋动骨似的。

2 为什么？不论怎么做人才保留，员工离职也是在所难免的。

3 因为没有人能快速替补上去啊，每次都要重新培养，培养成功以后又离职……

4 可以试试"提前培养"，在团队内部形成人才梯队，让关键岗位有后备人才。

6 这样既能有效规避员工离职风险，又能激励内部员工学习，提升内部员工能力，员工能力成长后还能提升绩效，一举三得。

5 人才梯队？这个做法听起来不错。

背景介绍

　　人才梯队建设能够在团队内部形成关键岗位的后备人才，当关键岗位员工离职时，后备人才能快速补充上来，将员工离职损失降到最低。在这个过程中，内部员工得到培养，获得激励，有了职业发展的盼头，学习积极性提高，能力增强，也会在一定程度提升当前岗位绩效。

3.1　人才梯队建设实施方法

　　人才梯队建设的实施逻辑是为每个关键岗位都安排后备人才，然后有针对性地培养后备人才，让其具备胜任关键岗位的能力。人才梯队建设的实施有 3 点，一是识别关键岗位，二是识别后备人才，三是培养后备人才。

3.1.1 如何形成人才梯队

 **问题场景**

1 建设人才梯队还是不能解决员工离职问题，我还是想减少员工离职。

2 人才梯队确实不能解决员工离职问题，事实上，不论怎么做都不能保证员工不离职，但能把员工离职对团队造成的损失降到最低。

3 怎么说呢？

4 优秀团队通过人才梯队建设，可以实现最高管理者离职，只需要补充一名刚毕业的大学生。

5 啊？这是怎么做到的？

6 就是最高管理者离职后都用后备人才去补充，补到最后只需要招聘一个基层岗位。

问题拆解

　　在人才梯队建设比较成功的团队，每个关键岗位都有继任者，即使最高管理者离职，也马上有继任者接任，继任者还有继任者，从上到下，一层一层，最后只需要补充一名刚毕业的大学生。这样能显著缓解招聘的压力，快速实现人才补充，减少重要岗位空缺带来的损失。

方法与工具

工具介绍

人才梯队建设

　　要实施人才梯队建设，首先要实施人才规划，确定需要的人才类别，结合人才规划结果实施外部人才选拔和内部人才盘点。人才盘点后，要了解员工的职业规划，帮助员工制订个人发展计划，形成团队的继任者（接班人）名单。针对团队的继任名单，实施人才培养。除了人才培养外，还应做好人才保留工作。

人力梯队建设实施逻辑的 8 个环节

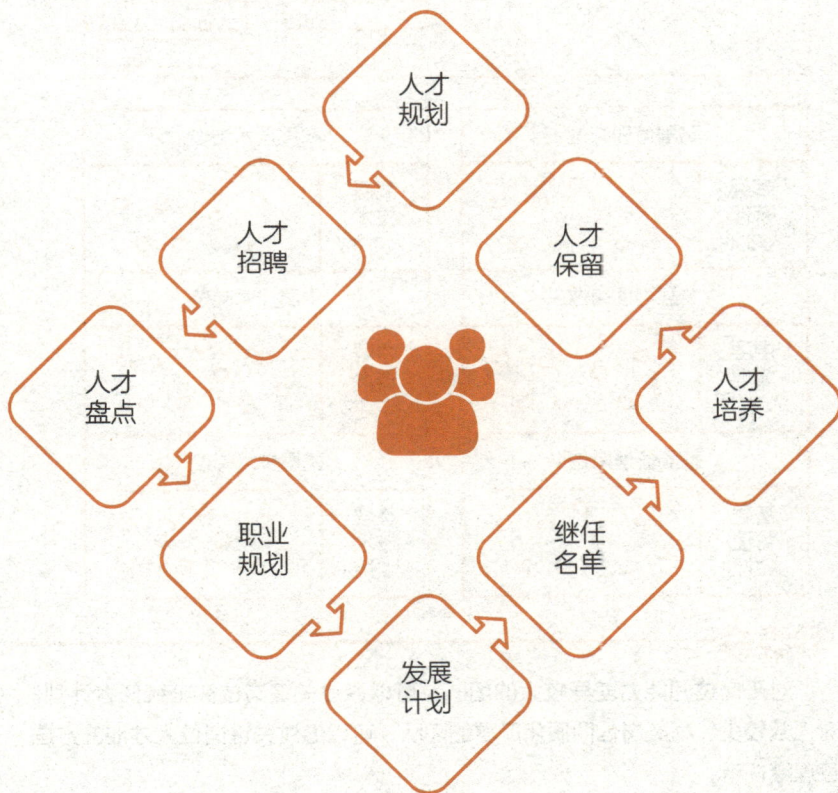

人才
规划

人才
招聘

人才
保留

人才
盘点

人才
培养

职业
规划

继任
名单

发展
计划

应用解析

维任者培养的两种形态

关键岗位继任者计划			
职位	准备程度		
	已准备好	未来两年内	未来2~5年内
CEO			
CFO			

高层管理岗位		高层技术岗位	
高层管理人才池	○○○○○○○	高层技术人才池	○○○○○○
中层管理岗位		中层技术岗位	
中层管理人才池	○○○○○○	中层技术人才池	○○○○○○
基层管理岗位		基层技术岗位	
基层管理人才池	○○○○○	基层技术人才池	○○○○○

小贴士

　　对于岗位间能力差异较大的团队，可以通过关键岗位实施继任者计划。对人数较少、同类岗位同质化严重的团队，可以通过关键岗位人才池的方法管理继任者。

3.1.2 如何实施人才规划

问题场景

1 你说人才梯队建设的第一步是实施人才规划，那么什么是人才规划呢？

2 简言之，人才规划就是对团队人才数量和人才结构的设计。

3 也就是我需要用多少人才？需要用什么类型的人才？

4 没错，有明确的人才规划、明确的人才需求，接下来人才培养就有了目标。

5 那要根据什么来设计人才规划呢？

6 主要是根据团队的业务需要，根据业务需求推出人才需求。

问题拆解

在实施人才梯队建设前，首先要进行人才规划。通过人才规划，厘清用人需求，根据用人需求设计人才数量需求和人才结构需求，再进行人才梯队建设。

方法与工具

工具介绍

人才规划

人才规划来源于团队的战略规划，从战略规划到人力供给与需求预测，再到确定人才的净需求数量，从而确定人才规划的目标，在正式实施人才规划后，通过评估反馈做到对人才规划的改进。其中，人员净需求量＝人才需求预测－人才供给预测。确定人员净需求量时，要充分考虑团队当前人才状况。

人才规划原理示意图

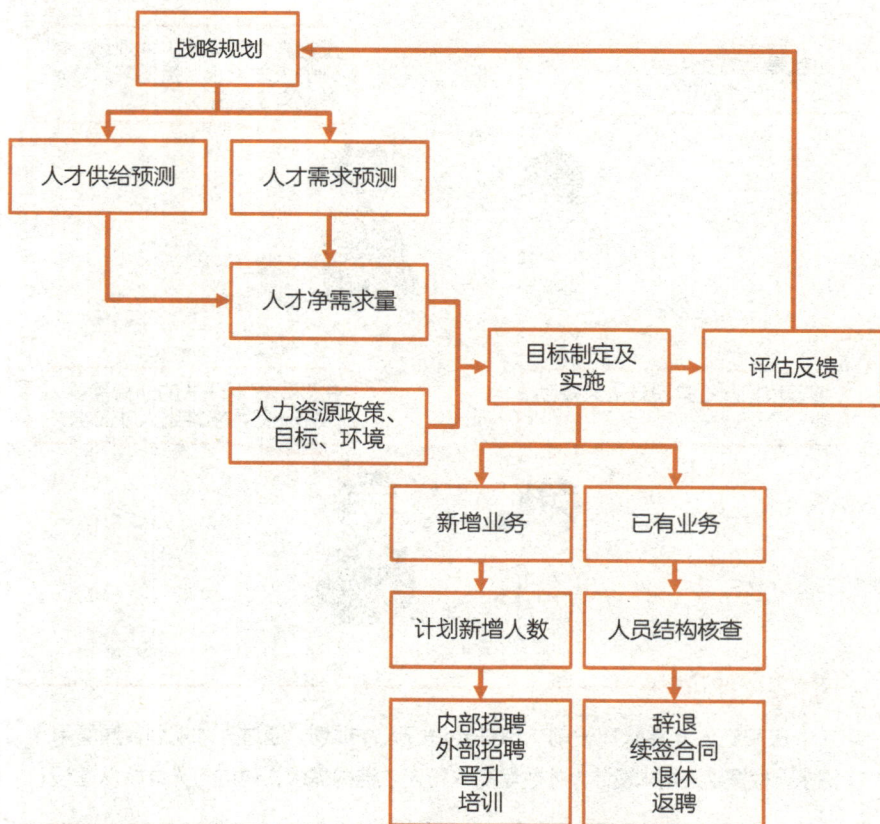

```
                        战略规划 ◄───────────────────────┐
                           │                             │
            ┌──────────────┴──────────────┐              │
            ▼                              ▼              │
      人才供给预测                    人才需求预测          │
            │                              │              │
            │              ┌───────────────┘              │
            └──────────►  人才净需求量 ──────┐             │
                              ▲             ▼             │
                              │      目标制定及 ──────► 评估反馈
                      人力资源政策、      实施
                      目标、环境           │
                              ┌───────────┴───────────┐
                              ▼                       ▼
                          新增业务                 已有业务
                              │                       │
                              ▼                       ▼
                        计划新增人数              人员结构核查
                              │                       │
                              ▼                       ▼
                          内部招聘                  辞退
                          外部招聘                续签合同
                            晋升                   退休
                            培训                   返聘
```

应用解析

某上市公司人才梯队建设

某公司人才梯队建设的实施分成两个部分、8个模块。第一部分是人才策略规划与人才库建设，包括5个模块，分别是制定战略目标、识别核心岗位、确定核心岗位的能力要求、实施人才评估、制订人才策略和计划；第二部分是人才方案的计划与实施，包括3个模块，分别是制订人才招聘计划、制订人才发展计划和制订人才保留计划。

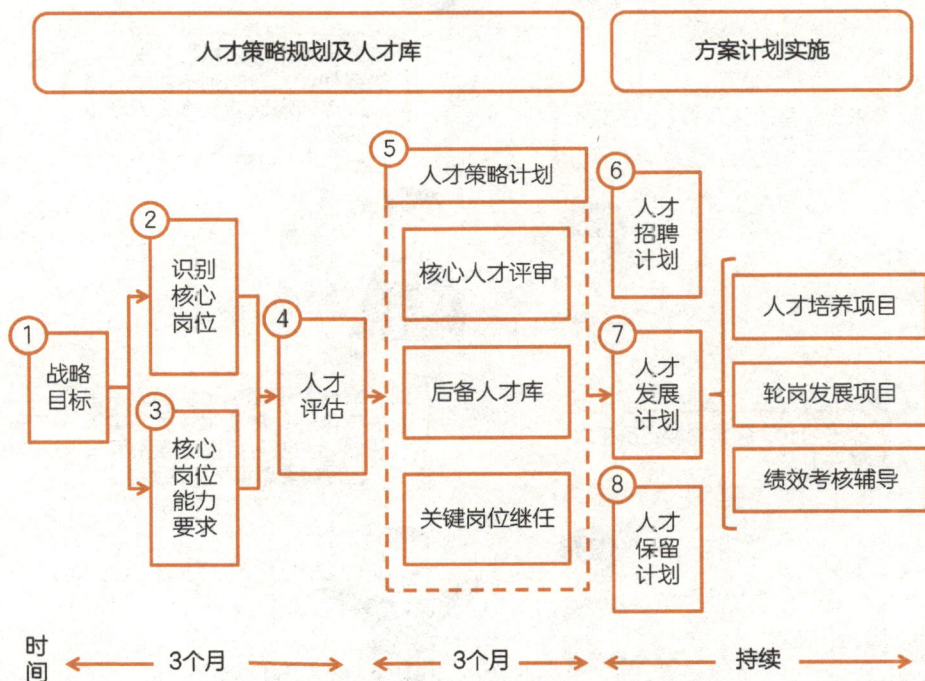

人才策略规划及人才库	方案计划实施

```
5  人才策略计划              6  人才
                              招聘
2  识别                        计划
   核心     核心人才评审
   岗位                    7  人才      人才培养项目
1  战略  4  人才              发展
   目标     评估  后备人才库   计划      轮岗发展项目
3  核心
   岗位                                绩效考核辅导
   能力
   要求     关键岗位继任   8  人才
                              保留
                              计划
```

时间 ←— 3个月 —→ ←— 3个月 —→ ←— 持续 —→

小贴士

人才梯队建设离不开人才规划，人才规划离不开战略规划。人才是为战略服务的，不能抛开战略谈人才培养。当团队战略不清时，要先明确战略。

3.1.3 如何规划员工发展

问题场景

1 适合做继任者的员工，可以通过人才盘点结果获取吧？

2 是的，不过通过人才盘点识别出优秀人才后，还要看这些人才是否具备培养潜力。

3 都已经是优秀人才了，还看什么培养潜力？

4 有的优秀人才愿意做关键岗位的继任者，有的则不愿意，所以要提前沟通清楚优秀人才本人的意愿。

5 原来如此，确实需要和员工沟通一下。

6 对，继任者不能是团队管理者单方面安排的，需要了解员工本人的想法，沟通时可以适当引导员工，但最终要尊重员工的想法。

问题拆解

　　人才盘点能发现优秀人才，但优秀人才并不一定愿意接受团队的安排。团队管理者如果一厢情愿地安排优秀人才的职业发展，很可能会起到反作用。所以团队管理者需要了解员工的职业期望和诉求，和员工的意愿达成一致，既满足团队的需求，又满足员工本人的诉求，达成双向满意。

方法与工具

工具介绍

个人发展计划

　　个人发展计划（IDP，individual development plan）是一个帮助员工进行职业生涯规划的工具，是一张描绘员工未来职业生涯发展的地图。个人发展计划能够协助员工勾勒出自身的优势、兴趣、目标、待发展能力及相应的发展活动，帮助员工在合适的时间内获取合适的技能以实现职业目标。

个人发展计划实施步骤

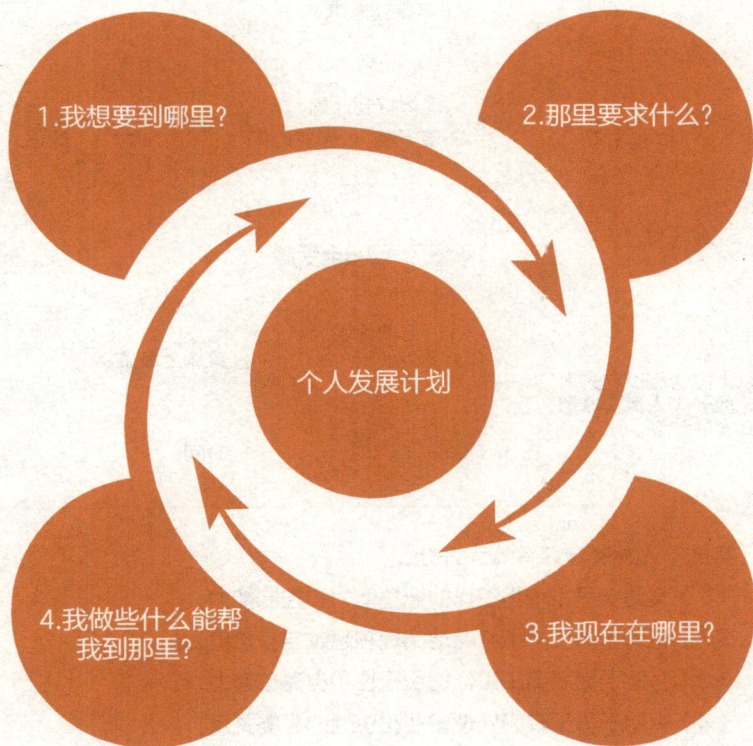

1.我想要到哪里？

2.那里要求什么？

个人发展计划

4.我做些什么能帮我到那里？

3.我现在在哪里？

应用解析

员工个人发展计划样表

个人发展计划

姓名		工资所在区间		部门	
岗位		职务		直属上级	
计划有效期：　年　月　日—　年　月　日					

职业发展目标 （优势、劣势、挑战分别至少列出为实现目标最关键的3项）	
职业发展目标	
优势	
劣势	
挑战	

个人现状总结

期望发展的技能 （至少列出3项）

具体行动计划

行动计划	衡量标准	持续时间	评估方式	评估人

希望公司提供的支持

签署计划		
□以上内容经过充分考虑和沟通，属于本人真实意愿，我同意此发展计划。	本人签字： 时间：	直属上级签字： 时间：

小贴士

实施个人发展计划有 4 大好处。

（1）有助于员工增强工作的把握能力和控制能力。

（2）有助于员工持续不断地实现和超越自身价值。

（3）有助于提高员工工作的积极性和自身创造力。

（4）有助于员工较好处理职业和生活的平衡关系。

3.2　知识管理实施方法

　　知识是第一生产力。工作中处处蕴含着知识，每个团队都有属于自己相关工作的内部知识。不同于书本上的理论知识，这些知识更贴近实战，更能帮团队成员解决实际问题。通过知识管理，团队管理者可以识别、萃取、管理好这些知识，并将这些知识在团队内部有效传承。优秀员工可以离职，但如果能留下知识，依然能留下价值。

3.2.1 如何提炼内部知识

问题场景

1 用人才梯队建设的方法，我要好好培养人才了！

2 其实人才不是最重要的，人才在岗位上形成的知识才是最重要的。

4 有些优秀人才终将离开，但如果能留下有价值的知识，不仅有助于人才培养，而且能把优秀人才离职的损失降到最低。

3 这个说法我还是第一次听说！

5 如何留下这部分知识呢？

6 把这部分知识变成标准化的流程、规范或制度，并融入工作就是一种有效的方法。

问题拆解

留住人才的人和留住人才的心都不如留住人才的知识。这里的知识不是指书本上的理论，而是指那些蕴藏在团队内部，有助于更高效完成工作的实践知识。留住知识是为了有效传承，方法之一是把知识变成可执行的操作方法。

🔑 方法与工具

工具介绍

知识管理的标准化

　　任何知识都可以经过总结之后，变得流程化、模块化，让其内容变得可执行、可操作、可实施，而且也要保持这种操作的简单化和标准化。经过这种操作之后，不论是谁，只要对着操作流程就可以实施操作，而且操作所得的结果是完全相同的。为了传播标准化知识，可以加上一些生动有趣的内容，让知识传播过程更精彩，更容易被学员学习和接受。

工作实践知识包含的 6 个要素

操作需要的
工具或设备

可能存在的
风险与问题

所需物料的
名称与数量

工具

风险　　　　　物料

方法　　　　　量具

人员

操作过程的
步骤与注意

量取物料的
工装或夹具

操作需要的
人员与配置

应用解析

举例：红烧肉的制作工艺

红烧肉制作的基本信息			
口味	工艺	耗时	制作难度
咸甜	焖	45分钟	简单

红烧肉食材与配料表		
类别	食材	用量
主料	五花肉	800g
辅料	八角	15g
	葱段	50g
	香叶	1片
	姜片	30g
配料	花生油	15g
	白砂糖	20g
	冰糖	25g
	酱油	25g
	黄酒	30g
	盐	适量

1 把五花肉切成2.5厘米见方的块状。

2 锅中放入凉水，水开后把肉块儿放到其中煮5分钟，捞出，控净水分备用。

3 炒锅上火倒入少许油，煸香八角。倒入细砂糖，煸炒糖色至微黄色。

4 下入肉块儿煸炒到耗干水分、颜色透亮、表面微黄，开始出油后烹入黄酒，倒入酱油翻炒，炒到黄酒挥发，酱油均匀吸附在肉块上为止。

5 把肉炒匀后，往锅中注入开水，水加至和肉块持平，放入葱段、姜片、香叶。

6 放入冰糖，盖上锅盖用小火焖煮30~40分钟。

7 肉焖熟后，挑出葱、姜、八角、香叶不要。放入适量盐，然后用旺火收汁。

小贴士

标准化和量化流程的另一个好处是，员工在实际操作时可能会有偏差，团队管理者在进行知识传授时可以对照标准化知识教材中的用料数量、操作步骤，来检核员工的操作偏差，快速准确纠正其操作方法。

3.2.2 如何传承优秀经验

问题场景

1 知识可以传承，但很多优秀经验蕴藏在员工的头脑中，没法传承啊。

2 经验并不是绝对不可以传承的。

4 如果是需要身体协调性、灵巧性或技巧性的工作，需要大量时间练习，经验确实没办法传承。但如果是脑力劳动为主的工作，经验是可以传承的。

3 经验怎么可能传承呢？10年的经验能让人快速学会？

6 对脑力劳动为主的工作，经验其实是一种"异常管理能力"。如果能把工作中的异常全部汇集出来，就能获得这种能力。

5 怎么做呢？

问题拆解

　　论重要程度，经验＞能力＞知识，经验比能力和知识更有助于人们成长。很多人认为经验不同于知识和能力。知识可以通过书本或课程获得，能力可以通过练习获得，但经验必须通过时间积累。实际上，经验能够被学习到。那些以脑力劳动为主的岗位，只要能有效萃取出经验，学习经验与学习知识、学习能力没有本质上的不同。

方法与工具

工具介绍

经验传承

经验不是工作时间长短。现实中很多工作 30 年的人不见得有建树。为什么？因为很多工作 30 年的人只是把一套行为重复了 30 年。这不叫有 30 年经验，而只是工作了 30 年时间。

经验说到底是一种能力，是一种异常管理能力。经验是人们经历过一个个关键事件后，对这些关键事件的处理方法和得出的结论。经验可以被学习和获取，只要把这些关键经验事件一件一件提取总结出来，最终都能归结为一种异常事件知识或异常处理能力。通过讲故事能够实现对异常事件知识的传授，通过场景模拟可以实现异常处理能力提升。

出租车司机的经验来自哪里

整条路上没其他车辆，也没行人，不需转向，不需变道，不需躲闪，不需避让，不需刹车，一位出租车司机开了30年，这时司机有了30年驾驶经验吗？当然不是。

一个个"异常点"累积，让出租车司机有了经验。经验，就是对这些异常点的预防、控制和管理能力。

异常点

异常点　　异常点

异常点

应用解析

经验萃取与传承的 5 个步骤

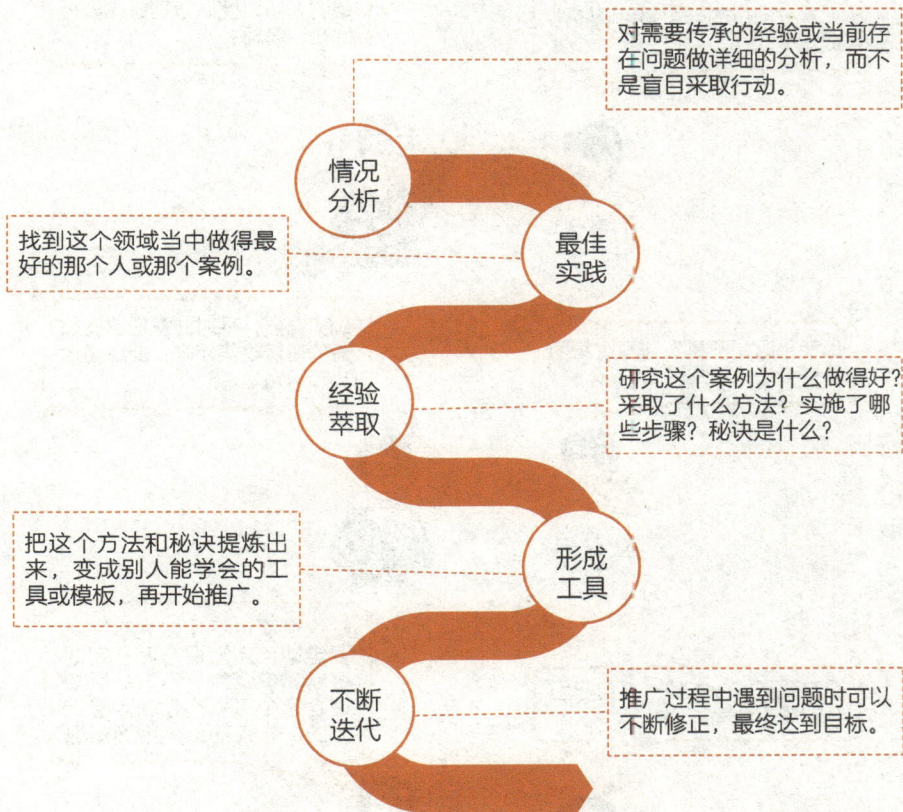

对需要传承的经验或当前存在问题做详细的分析，而不是盲目采取行动。

情况分析

最佳实践

找到这个领域当中做得最好的那个人或那个案例。

经验萃取

研究这个案例为什么做得好？采取了什么方法？实施了哪些步骤？秘诀是什么？

把这个方法和秘诀提炼出来，变成别人能学会的工具或模板，再开始推广。

形成工具

不断迭代

推广过程中遇到问题时可以不断修正，最终达到目标。

小贴士

当有机会听成功人士讲成功经验时，最有价值的信息是什么？不是逆袭式成功故事本身，而是这个人成功过程中都遇到过哪些挫折和困难，迎接了哪些机遇和挑战，这个人当时是如何思考、如何抉择、如何应对的。假如这位成功人士讲的内容中没有这些有价值的经验，那么即使这个人再成功，对听众来说也只是听了个故事。

3.2.3 如何管理知识仓库

问题场景

1
如果连经验都能被总结和传承，那看来岗位的一切都可以转化成知识。

2
是的，所以团队管理者需要做好知识管理。

3
那我平时是不是要注意收集团队各个岗位的关键知识？

4
确实需要，平时注意把这些散落的知识收集起来，能逐渐形成知识仓库。

5
看来我要好好扩建一下自己团队的知识仓库了！

6
知识仓库也不是越大越好，要定期盘点知识仓库，定期更新知识仓库。不然的话知识仓库中可能会存在大量过时的、失效的、无用的知识。

问题拆解

团队中的知识可以形成知识仓库，知识仓库可以是虚拟的，也可以是实体的。知识管理很大程度上是对知识仓库的管理。重视知识传承，知识管理能力较强的团队可以让知识仓库包罗万象，产生更高的价值和作用。

方法与工具

工具介绍

知识仓库

知识仓库是对团队工作中各岗位有价值信息的总结。知识仓库中可以包括关键岗位优秀人才的经验总结、团队内部人员的讨论成果、对关键工作的备忘与复盘等。

这些知识能够成为人才培养的教材，当团队管理者需要培养新人时，可以从知识仓库中抓取需要的信息作为教材，能够快速完成人才培养。

知识仓库中应当包含大量影响员工能力或与绩效相关的重要信息。所有在团队日常运营中产生有助于团队的工作流程、做事方法、管理思路的雏形或资料都可以存在知识仓库中。

知识仓库中存放信息资料的 8 种类别

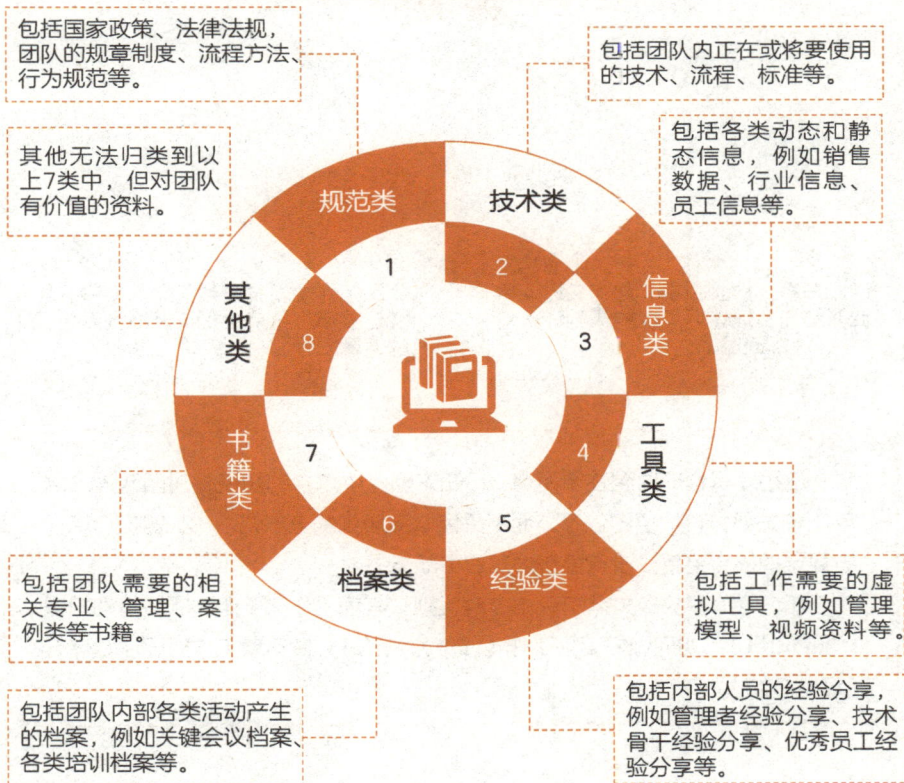

包括国家政策、法律法规、团队的规章制度、流程方法、行为规范等。

包括团队内正在或将要使用的技术、流程、标准等。

其他无法归类到以上7类中，但对团队有价值的资料。

包括各类动态和静态信息，例如销售数据、行业信息、员工信息等。

规范类 1

技术类 2

信息类 3

其他类 8

工具类 4

书籍类 7

档案类 6

经验类 5

包括团队需要的相关专业、管理、案例类等书籍。

包括工作需要的虚拟工具，例如管理模型、视频资料等。

包括团队内部各类活动产生的档案，例如关键会议档案、各类培训档案等。

包括内部人员的经验分享，例如管理者经验分享、技术骨干经验分享、优秀员工经验分享等。

应用解析

知识仓库资料的 4 类获取途径

日常战略研讨会、办公会、经营分析会、工作协调会等会议中形成的对团队经营管理相关事项的讨论、想法、决议等。

学习培训过程中形成的大量有价值的信息，例如培训、咨询、座谈、研讨参观等机会形成的信息。

日常会议

学习培训

书籍网络

关键事件

通过书籍、搜索引擎、网络文库、行业网站、自媒体等可以收集到许多对团队有价值的信息。

团队工作中发生的某类特殊事件，围绕这些事件可能会形成一系列有价值的信息。

小贴士

应用知识仓库时要注意两点：1.知识仓库中包含的知识是对团队人才培养比较关键、有价值的信息，而不是团队接触到的全部知识；2.知识仓库一定要定期检查更新，没有更新的知识将渐渐失效。

知识仓库存放最关键知识的 3 种类别：某项工作需要用到哪些基础知识（理论知识）；如何做好某项工作（技能方法论）；做某项工作时要注意什么（经验总结）。

3.3 导师制实施方法

导师制也叫师徒制，是保证团队人才培养的重要方式。实际上，员工岗位需要的知识、技能和经验的获取，绝大部分发生在日常工作中。集中培训的定位大多是查漏补缺，而员工知识技能转化和内化的全过程，几乎 100% 发生在岗位工作中。要保证员工在岗位上的知识、技能和经验持续提升，需要建立导师制。

3.3.1 如何有效运行导师制

问题场景

1　有了知识仓库后，我就可以用知识仓库里的内容定期组织培训来培养后备人才了。

2　确实可以，不过最有效的人才培养方式不是集中培训，而是导师制。

3　导师制一般适合基层岗位吧？中高层管理岗位也适合导师制吗？

4　上到最高层管理者，下到最基层新员工，团队任何层级、任何岗位都适用导师制。

5　我也曾经在团队推行过导师制，但因为我没时间亲自带员工，指派的师傅又带不好，最后效果不理想。

6　运行导师制是有方法的，用对了方法，导师制才能有效运行。

问题拆解

　　当员工在日常工作中遇到困难时，能够最快速、最高效、最有针对性地对员工进行指导，帮助员工解决问题的人是能够直接辅导员工的导师。在技能提升方面，如果有好前辈能给后辈一些建议，后辈往往会获得巨大的提升。

方法与工具

工具介绍

导师制

导师制能让新员工更快、更好地融入公司；能让老员工技能得到稳步提升；能让技能较差的员工跟上团队成长；能促进团队人才梯队建设中的人才培养；能提高导师的荣誉感、成就感、责任感；能提升锻炼导师的综合素质及领导能力；能增强团队的凝聚力和团队意识；能提高员工的稳定性和满足感；作为一种培养人才的有效手段，导师制可以也应当被运用在各种规模、所有组织形式的团队中。

保障导师制运行的三角模型

员工如果不愿学习成长，导师制将无法成立。要保证徒弟具备学习成长的积极性，可以设计职业发展通道，设计岗位技能评定标准，要明确随着个人能力成长，员工能获得哪些好处。

出于某些原因，有的导师不愿意教员工。这种情况可以让导师和徒弟之间签订帮带协议、设立对导师的奖励机制，同时强化监督检查。

导师
愿不愿

员工学习
积极性

导师
会不会

导师
能不能

有的导师个人能力强，但像"茶壶里煮饺子"，倒不出来。这种情况可以培训导师，通过辅导和练习，让导师学会提炼萃取知识和经验的方法，并能够传授给员工；也可以量化导师应教的具体知识和技能类别、量化教材、量化操作标准，让传授变得简单易行。

有的导师想教，但本身工作较忙，或导师的直属上级不允许导师教。这种情况可以完善导师制的制度要求，从制度层面保证落实。另外，也可以通过岗位设计，让员工成为导师的继任者。

应用解析

保证导师制有效运行的 3 类关键操作

拜师仪式
可以在导师和员工间正式建立师徒关系时，举办比较隆重的"拜师仪式"。在拜师仪式上，导师和员工都要明确各自的职责，并做出承诺。仪式越隆重，让人越难忘，效果越好。

定期公布
在每周/每月的公开会议上，可以公布新的导师和员工关系的缔结情况，让导师和员工分别上台发言，公开承诺。可以让已缔结关系的导师和员工阶段性上台发言，说明当前师徒学习情况。

做出承诺
有的团队较传统，不习惯拜师仪式，可以通过导师和员工间签署协议的方式达到相互承诺。签订协议时要有第三方在场，最好由导师的领导担任第三方见证。除了强调明确导师和员工间的权利义务关系外，也要让双方做出口头承诺。

小贴士

与其让员工摸着石头过河，不如花点心思，为员工找个好的引路人，帮员工过河。导师会提醒员工可能会遇到的陷阱，这样的提醒也许无法完全避免员工走弯路，但会让员工更快地领悟错误中的教训，从而更有效率地总结出一套适合自己的方法。

3.3.2 如何选拔和培养导师

问题场景

1 我终于知道为什么原来的导师制运行有问题了，大多数情况不是员工的问题，主要是导师的问题。

2 导师制能否有效运行，导师的作用占主导地位。

3 那是不是要从严管理导师?

4 严格管理是一方面，另一方面是要有效选拔和培养导师。

5 选拔导师我可以理解，毕竟有的人适合做导师，有的人不适合。培养导师是要培养什么?

6 主要是培养导师教员工的能力，很多导师不是不想教，而是不会教。

问题拆解

在导师制中，导师是相对强势的一方，徒弟是相对弱势的一方，所以导师在导师制中占主导地位，直接决定了导师制能否有效运行。要保障导师制顺利运行，需要做好导师的选拔和能力培养工作。

方法与工具

工具介绍

导师选拔

有人认为，为防止导师有"教会徒弟饿死师傅"的想法，导师人选不应是员工的直属上级；有人认为，团队同事间存在竞争关系，导师人选不能是员工同事；还有人认为，导师制订位除了解决员工技能问题，还有通用能力和精神层面培养，导师人选可以是高层管理者。

这些观点在特定条件和环境中都成立，但并不具备通用性，不能作为寻找导师人选的原则。很多团队的规模、文化和性质决定了导师人选只能在本团队内部找，多数情况不是员工的直属上级，就是本团队内优秀的老员工。

选拔导师人选的 7 大通用原则

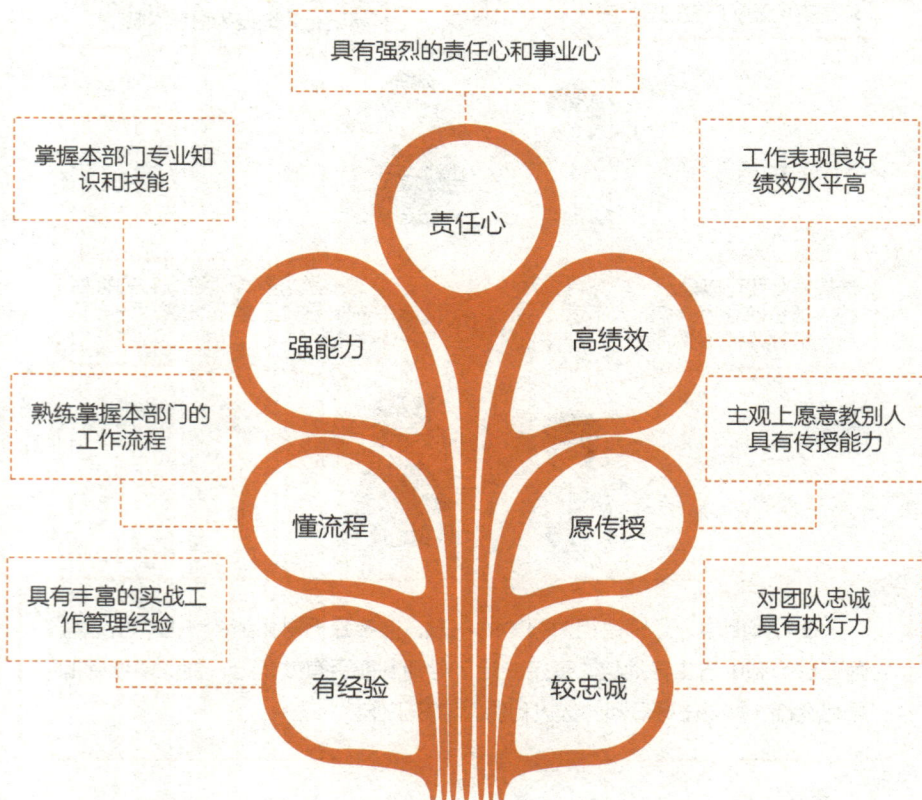

具有强烈的责任心和事业心

掌握本部门专业知识和技能

工作表现良好绩效水平高

责任心

强能力　高绩效

熟练掌握本部门的工作流程

主观上愿意教别人具有传授能力

懂流程　愿传授

具有丰富的实战工作管理经验

对团队忠诚具有执行力

有经验　较忠诚

应用解析

导师教员工的 6 步通用流程

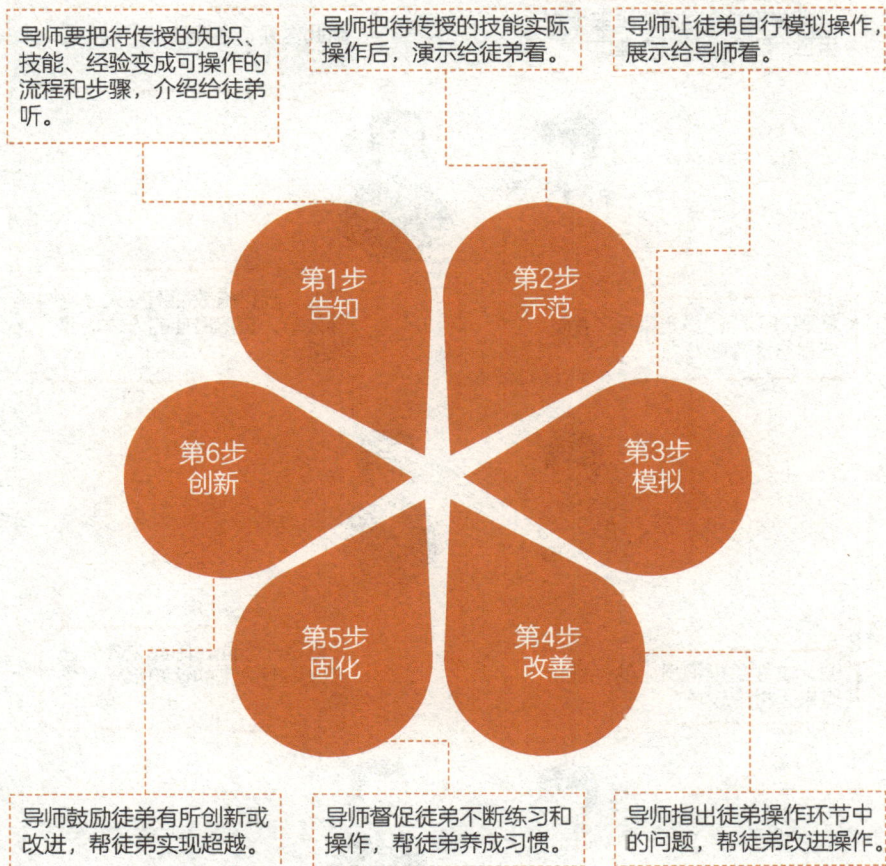

导师要把待传授的知识、技能、经验变成可操作的流程和步骤，介绍给徒弟听。

导师把待传授的技能实际操作后，演示给徒弟看。

导师让徒弟自行模拟操作，展示给导师看。

第1步
告知

第2步
示范

第6步
创新

第3步
模拟

第5步
固化

第4步
改善

导师鼓励徒弟有所创新或改进，帮徒弟实现超越。

导师督促徒弟不断练习和操作，帮徒弟养成习惯。

导师指出徒弟操作环节中的问题，帮徒弟改进操作。

小贴士

　　教别人知识是一门学问。某人能力很强、经验很丰富，不代表这个人有教授别人知识的能力。不会教，就是茶壶里煮饺子，好的能力和经验无法传承。保证导师掌握传授知识的方法，导师制才能顺利运行。

3.3.3　如何辅导和引导员工

问题场景

1　导师传授技能的6个步骤太有用了，这个我要坚决推广！

2　除此之外，还要注意"因材施教"。

3　就是对不同的员工采取不同的培养方法是吧？

4　是的，因材施教能提高人才培养效率，获得最佳的人才培养效果。

5　嗯，主要是根据员工的性格特点来因材施教吧？

6　性格是一方面，除此之外，还可以根据员工的认知水平来培养。

问题拆解

　　辅导员工的方式不可一概而论。不同员工的认知水平处在不同的阶段，对处在不同认知水平的员工，应当采取不同的应对方式。对不同认知水平的员工，员工辅导和引导的方式也是分阶段的。

方法与工具

工具介绍

员工认知的 4 个层次

员工对事物的认知可以分成 4 个层次，第 1 层是不知道自己不知道；第 2 层是知道自己不知道；第 3 层是知道自己知道；第 4 层是不知道自己知道。

员工认知的 4 个层次

把某项知识或技能融入骨髓，变成身体语言。对事物有了本质认识，不仅存在于表层意识，而且存在于潜意识，当需要这项知识或技能时，能够不自觉地运用自如。

经历过学习过程和实践洗礼，经过应用后，尝试过酸甜苦辣，有了经验。已经对原本认知尚浅的事物有了新的、相对完整的认知。已经知道自己可以做到什么，并能够运用自己的知识和能力做好某件事情。

不知道自己知道

知道自己知道

知道自己不知道

不知道自己不知道

把事物想得简单，经常不懂装懂，或只了解事物皮毛就以为自己已经知道全部。掌握了一点知识或技能就以为自己是专家，主动学习意识差。

已经发现很多事物不像自己想的那么简单，开始对一些事物产生敬畏。开始知道在某些领域即便已掌握一些知识和技能，但仍有许多不知道的。懂得改变，开始产生了学习意识。

应用解析

针对员工认知 4 个层次的应用策略

通过对学习内容在实践中不断应用，经过时间积累，将这些内容内化，并对实践工作产生积极正面影响。

开始实施对相关知识、工具、方法的学习，通过在学习过程中阶段性回顾和练习，实现学习目标。

不知道自己知道

知道自己知道

知道自己不知道

不知道自己不知道

引导员工回忆过往经历，启发员工开始反思经历，检讨经历过程中的成功与失败，帮助员工发现问题，激起员工发现不足、产生不满和期望迫切改变现状的决心。

引导员工找到要改变的现状和解决问题需要的关键因素，例如知识、工具、方法等，确定学习的内容和目标。

小贴士

　　要帮助员工的认知从底层向高层转变，在实施人才培养时，导师或团队管理者可以根据员工对事物的当前认知实施有针对性的应对策略。对不同认知维度的员工的培养方式应有所不同，为提高人才培养效率，可以把处在相同认知维度的员工集中在一起培养。

3.3.4 如何推行落实导师制

问题场景

1 选好了导师，让导师具备传授知识的技能后，运营导师制应该就稳了吧？

2 还没有，导师制毕竟是对团队有利的事，作为团队管理者要力推才行。

3 那要怎么推呢？

4 首先要明确导师和徒弟的权、责、利的关系，让彼此清楚工作边界。

5 这个对，有了这个，导师和徒弟都知道该干什么了。

6 另外还要明确原则，再怎么界定权责也可能会有遗漏，这时候导师可以遵循原则做事。

问题拆解

在推行和落实导师制时，界定导师和徒弟的边界非常重要。团队工作中的边界一般包括权、责、利的划分，在导师制中也不例外。除了定义出边界外，还要定义出原则。边界比较明确，原则比较模糊。

🔑 方法与工具

工具介绍

导师制的边界

导师制的边界就是界定出在导师制中，导师应该做什么，徒弟应该做什么。有了这个边界，就有了明确的评判标准，导师和徒弟就能知道彼此在这段关系中谁做得好，谁做得不好。

导师与徒弟的权责利划分

	☀ 权	🏛 责	💰 利
导师	1.放弃权：对不履行职责、屡教不改或资质较差的徒弟，可以放弃 2.建议权：根据徒弟表现和潜质，可以提出对其绩效考核或岗位调整方面的建议 3.评价权：有权对徒弟做出评价	1.热心传授徒弟知识和技能 2.为人处事方面树立榜样模范作用 3.从思想、工作、生活上关心爱护徒弟 4.帮助徒弟认同文化和各类制度 5.定期反馈徒弟学习情况 6.协助徒弟规划职业生涯 7.对徒弟学习发展情况作出考核和评价	带徒成功后 1.金钱奖励 2.优先晋升 3.优秀员工 4.团队荣誉
徒弟	1.举报权：有权举报导师违规行为或故意刁难行为 2.更换权：对不履行导师职责者，徒弟有权提出更换 3.建议权：为更好地学习吸收，有权对学习内容提出建议	1.遵守各项制度 2.按照流程和规范操作 3.做好本职工作，认真学习 4.服从导师合理的工作安排 5.配合导师完成学习计划 6.规划并实施个人职业计划	1.知识扩宽 2.能力成长 3.高效工作 4.认知升级

应用解析

导师教导徒弟的5大原则

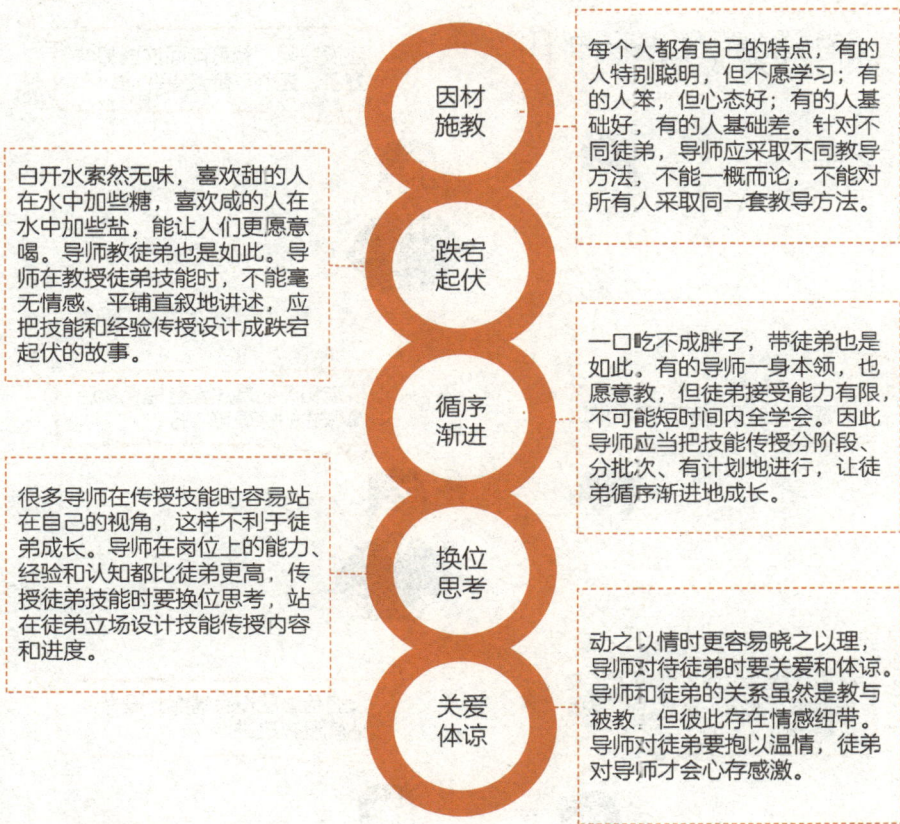

因材施教

每个人都有自己的特点，有的人特别聪明，但不愿学习；有的人笨，但心态好；有的人基础好，有的人基础差。针对不同徒弟，导师应采取不同教导方法，不能一概而论，不能对所有人采取同一套教导方法。

跌宕起伏

白开水索然无味，喜欢甜的人在水中加些糖，喜欢咸的人在水中加些盐，能让人们更愿意喝。导师教徒弟也是如此。导师在教授徒弟技能时，不能毫无情感、平铺直叙地讲述，应把技能和经验传授设计成跌宕起伏的故事。

循序渐进

一口吃不成胖子，带徒弟也是如此。有的导师一身本领，也愿意教，但徒弟接受能力有限，不可能短时间内全学会。因此导师应当把技能传授分阶段、分批次、有计划地进行，让徒弟循序渐进地成长。

换位思考

很多导师在传授技能时容易站在自己的视角，这样不利于徒弟成长。导师在岗位上的能力、经验和认知都比徒弟更高，传授徒弟技能时要换位思考，站在徒弟立场设计技能传授内容和进度。

关爱体谅

动之以情时更容易晓之以理，导师对待徒弟时要关爱和体谅。导师和徒弟的关系虽然是教与被教，但彼此存在情感纽带。导师对徒弟要抱以温情，徒弟对导师才会心存感激。

小贴士

为保证导师制顺利进行，在运行导师制时，需注意：

1. 导师不仅要教徒弟技能，还要关心徒弟生活。不仅要关注工作结果，还要关注过程。

2. 不能因教徒弟而影响导师的正常工作。

3. 一名导师一般同一时间带徒弟数量不超过3人，最好一对一辅导。

4. 导师对徒弟的辅导应形成计划，最好详细到每周学习目标和内容。

5. 沟通是导师制顺利运行的关键，只有勤沟通，才会有好效果。

3.3.5 如何评估导师制质量

问题场景

1 做好前面这些工作，这下导师制应该万无一失了吧！

2 还没完呢，就算前面这些都做好了，还差一步检查评估。

3 检查和评估我以前还真没做过。

4 检查和评估是过程管控，秋后算账式的管理可不行。

5 秋后算账这个词太贴切了，说来惭愧，我很多管理工作都是这样……

6 没有检查就没有落实，没有评估就没有改进。

问题拆解

人都有惰性，运用导师制进行人才培养是一种长效机制，即使有了明确的边界，导师和徒弟也做出了承诺，团队管理者也不能把导师制运行想得顺理成章，觉得能够一帆风顺。要落实导师制，还需要团队管理者有勤勉的态度。团队管理者自身首先要克服懒惰，定期检查评估。

方法与工具

导师制的实施流程

有效的管理应是闭环式的。导师制运行流程要形成管理上的闭环，就要遵循基本的 PDCA 逻辑，有计划，有落实，有检查，有评估，有改进。

导师制运作的 4 个步骤

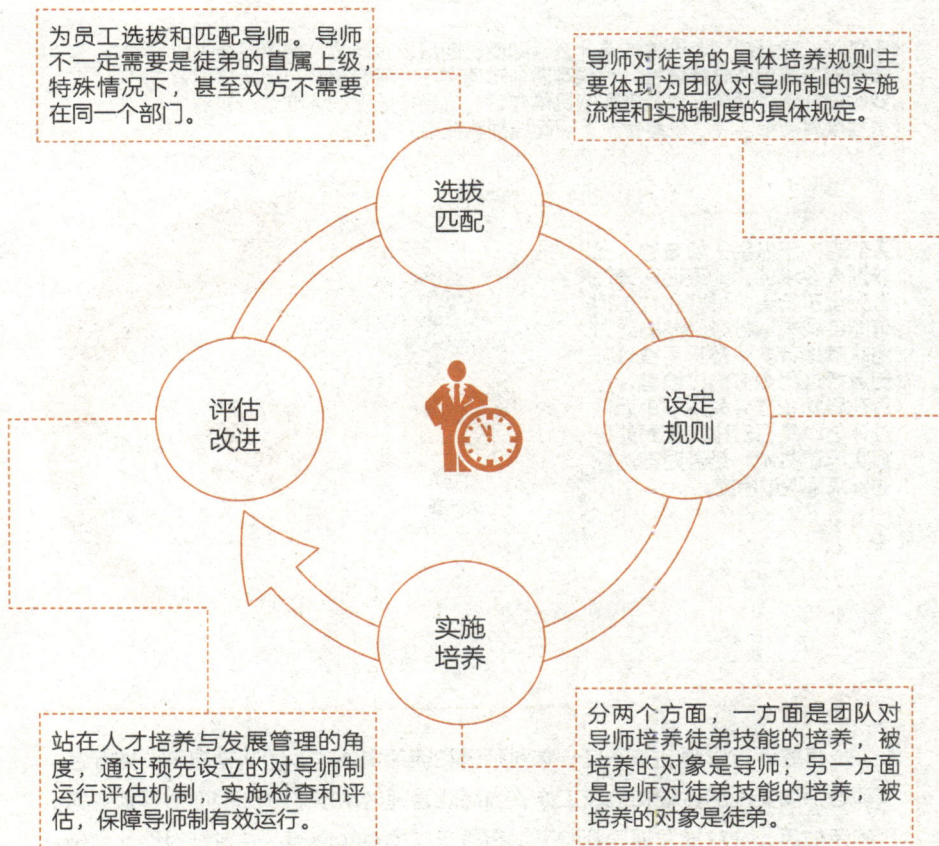

为员工选拔和匹配导师。导师不一定需要是徒弟的直属上级，特殊情况下，甚至双方不需要在同一个部门。

导师对徒弟的具体培养规则主要体现为团队对导师制的实施流程和实施制度的具体规定。

选拔
匹配

设定
规则

评估
改进

实施
培养

站在人才培养与发展管理的角度，通过预先设立的对导师制运行评估机制，实施检查和评估，保障导师制有效运行。

分两个方面，一方面是团队对导师培养徒弟技能的培养，被培养的对象是导师；另一方面是导师对徒弟技能的培养，被培养的对象是徒弟。

应用解析

导师制评估 3 个层面

教给别人知识和学习知识都是技能，不是每个人都具备这类技能。导师并非天生就会教徒弟，徒弟也并非天生就知道当别人教自己时，应如何学。团队管理者要评估有没有教给过导师应该如何教徒弟，有没有明确要求徒弟应如何学。

不是每个导师都知道该教徒弟什么，即使长期从事某岗位，如果没有采取正确的方法刻意总结思考，也很难清晰知道学习内容有哪些。团队管理者要明确规定导师应该教徒弟哪些具体内容，应当按照哪些标准教，教到什么程度算徒弟学会，查看有没有明确导师教徒弟的进度。

人们趋向于做别人检查的，而非别人要求的。如果团队管理者完全不检查，导师和徒弟很可能会失去运行导师制的动力。团队管理者要注意是否在导师制运行过程中实施过检查，是否在导师和徒弟关系结束后做过评估，是否对比较优秀的导师实施过奖励，是否对不达标的导师采取过措施。

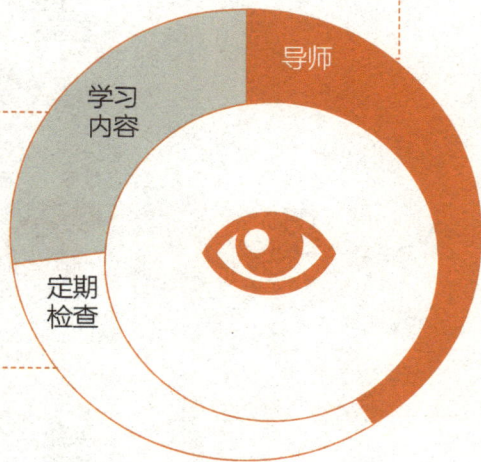

导师

学习内容

定期检查

小贴士

　　有效运行导师制并不是一味对师傅和徒弟提要求，团队管理者要做好各项导师制实施的保证和检查工作。当团队管理者从以上 3 个层面对导师制实施评估后，往往能发现导师制无法有效运行的真实原因，并有针对性地实施改进。

3.4 学习动力激发方法

　　解决了导师愿不愿教、会不会教和能不能教的问题，接下来还要解决员工愿不愿学的问题，如果员工主观上不愿意学习，那导师不论如何努力也没有用。所以团队管理者要激发员工的学习动力。

3.4.1 如何引导员工学习

问题场景

1 在导师制中，导师确实很重要，但有时候员工也会出现员工不求上进，不爱学习的问题。

2 你是如何引导和促进员工学习的呢？

3 引导和促进？我给员工提供学习机会，员工不应该感激吗？有什么好促进的？

4 学习是反人性的，员工愿不愿学习与学习机会多少没关系，很少有人天生爱学习。

5 要不然我以后强制团队内部学习吧！

6 强制是没有效果的，员工只要主观上不愿意学习，你再怎么努力也没有用。

问题拆解

　　如果不是必要，绝大多数员工是能不学习就不学习，能不动脑就不动脑的。要想让员工学习，需要理解员工学习的原理，通过引导促进员工学习。

方法与工具

工具介绍

促进成年人学习

　　成年人的学习是在探索和解决生活或工作中遇到的实际问题的过程中，基于对问题的反思和体验，而获取新的观念、知识、技能 形成新的认知结构的过程。当这一过程操作到位、形成闭环时，往往会迎来成年人的全面提升。

成年人学习的 5 个步骤

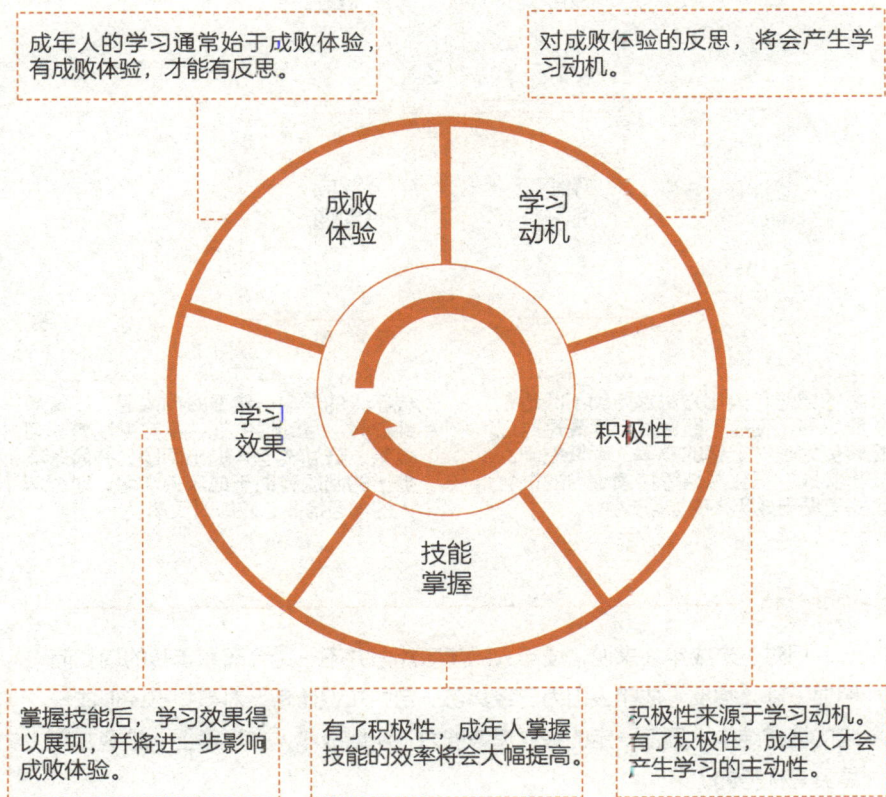

成年人的学习通常始于成败体验，有成败体验，才能有反思。

对成败体验的反思，将会产生学习动机。

成败体验

学习动机

学习效果

积极性

技能掌握

掌握技能后，学习效果得以展现，并将进一步影响成败体验。

有了积极性，成年人掌握技能的效率将会大幅提高。

积极性来源于学习动机。有了积极性，成年人才会产生学习的主动性。

应用解析

成年人学习的 4 个原则

成年人的学习应尽可能多用各种感官，例如视觉、听觉、触觉等。多重感观能让成年人更快速学习，加深印象，便于回忆，学习效果将事半功倍。

成年人的学习应多些能解决问题的工具或方法论，少些概念性原理。成年人学习的呈现方式必须满足需要和兴趣，学习过程要与达到的目标紧密相连。

多重
感官

内容
适合

1　2

3　4

持续
练习

双向
沟通

最好的记忆和内化方法是持续不断地重复和练习，通过不断重复，提高短时记忆转变为长时记忆的概率。频繁提问、安排实践、强化总结等持续练习的机会，都将有助于成年人的学习效果。

成年人的学习一定要双向沟通，不能单纯说教。互动性的把控直接影响着学习效果。鼓励成年人提出问题，并解答其提出的问题有助于成年人学习。对成年人的学习情况，应即时反馈。

小贴士

相对于未成年人来说，成年人的学习能力并不一定会随着年龄的增长而明显下降，相反，成年人因为已经具备一定的知识储备，对事物已经形成一定的认知结构，具备一定的独立思考能力，所以成年人在学习上，某些方面是具有优势的。

3.4.2 如何增加学习动力

问题场景

1 做管理者真难，学习明明是对员工自己有利的事，还要去引导员工做。

2 如果能增加员工的学习动力，员工的学习效果会事半功倍。

3 如何增加员工的学习动力呢？

4 假如学习可以让员工升职加薪，那很多员工的学习意愿肯定会加强。

5 怎么把升职加薪和员工学习联系起来呢？

6 如果能量化出员工的职业发展通道和成长路径，肯定会有所帮助。

问题拆解

　　激发员工主动学习的热情对人才培养起着决定性作用。员工的动力往往来自其对生存或发展等现状的不满以及对未来的憧憬和欲望。

方法与工具

工具介绍

成年人学习的价值目标

成年人习惯于带着较强的目的去学习，对成年人实施的学习应当有明确的价值和目标。说不清楚的、漫无边际的、不切实际的、没有价值的目标都无法让成年人获得学习的意愿和动力。

成年人职业发展的 4 个方向

高度是"升职加薪"路线。这类人期望通过能力兑换价值，崇尚努力后从职位变化来衡量努力结果。追求职业发展高度的优秀人才，适合从事管理类岗位。

深度是追求专业精深。有的人天生不愿管理别人，职位提升不适合这类人。但这类人愿意通过持续提高自己在专业领域的能力，未来成为优秀的专家、顾问或咨询类人才。

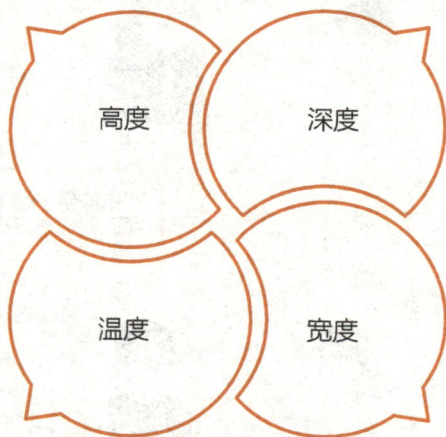

高度　深度

温度　宽度

温度是追求安全感。有的人不想把过多时间和精力用在职业发展上。这类人把职业定位成养家糊口的工具。这类人更期望把时间和精力用在非工作的事情上，比如家庭生活、兴趣爱好、社群活动等。

宽度是追求尝试多种职业角度。有的人既不喜欢高职位，也不喜欢专业精深，喜欢新鲜感，喜欢尝试不同职业。就像有些人喜欢旅行，去不同国家，见识不同文化，欣赏不同风景。

应用解析

成年人学习的 4 个特点

成年人必须知道为什么学习才会愿意学。也就是学以致用。成年人学习某项内容是达成某个目标或取得某种成就的必要手段。

成年人渴望获得感，渴望进步被别人发现，渴望价值或贡献获得即时认可。成年人学习的内在激励不仅是来自成长本身，更来自成长后的正向反馈。

功能
导向

追求
认可

利弊
维度

合作
共赢

成年人需要的学习内容不仅是好坏对错的二元是非观或利弊观，更应偏重于对问题深层次的探讨和对问题核心本质把握的维度观。

成年人需要在相对具有宽容性、接纳性、支持力的环境中学习，希望获得足够的尊重。渴望充分参与、合作共赢的关系，而不是你强我弱，单向沟通的关系。

小贴士

成年人的学习，不是尽可能多地获得知识和信息，而是需要什么补充什么。这里的需要不仅是个人需要，还有团队需要和岗位的需要。成年人学习的目的不是想办法让其知道得更多，而是通过让其知道一些关键信息，改变其行为。

3.4.3 如何促进员工自学

问题场景

1 仔细想想，员工的学习动力确实很重要。

2 把员工的学习动力推到极致时，能促进员工自学。

3 员工要是能自学那真是太好了！

4 不过就算员工有了自学意愿，团队管理者也要给员工创造自学的条件。

5 自学的条件指的是什么？

6 例如要有自学教材，不然团队内部的专有知识员工应去哪里学呢？

问题拆解

　　员工认为学习内容对其未来生存或发展起到的积极作用越大，其学习动力被激发的程度就越高，主动学习的意愿就越强，学习效果就越好。激发出员工的学习意愿后，团队管理者还要为员工的自学创造条件。

方法与工具

工具介绍

促进和保障自学

　　自学是一种重要的人才培养方式，团队管理者可以通过设置员工自学的诱因，促进员工自学。员工自学的诱因通常来自未被满足的需求。未被满足的需求能产生学习的驱动力，驱动员工达成某个目标。如果目标未达成，则需求仍然没有被满足，还可以进一步促进员工自学。如果目标达成，需求得到满足，可以进一步激发员工找到新的未满足需求，从而产生新的学习驱动力和新的目标。要保障员工有效实施自学，团队管理者需要为员工提供自学必备的资料。

保障员工自学的 3 类资料

量化的 学习内容	量化的 学习教材	量化的 评定标准
学什么？ 相当于学习目录，就是把岗位应该学习哪些内容明确、量化出来。	按照什么标准学？ 相当于书的知识内容，就是明确学习内容的具体标准、方法和工具。	学到什么程度？ 相当于考试标准，就是明确学成之后如何评定学习成果。

应用解析

案例：某零售上市公司收银岗位技能评定标准

	操作要求		得分
点钞（30分）	点数准确（8分）		共8分，总张数正确得2分，总金额正确得6分
	扎把（6分）	每100张同面值货币（购物券）使用橡皮筋捆扎，剩余的单独捆扎	共2分，每有一捆数量不正确扣0.5分，扣完为止
		捆扎完毕，向空中抛掷，不散把；抽取第一张货币，不能抽出	共2分，散把扣1分，能抽出扣1分
		扎把整齐，四边水平、不漏头	共2分，酌情给分
	辨伪（8分）	准确识别假币（4分）	准确得4分，识别错误不得分
		正确识别问题购物券（4分）	准确得4分，识别错误不得分
	交款表填写（2分）	字迹清楚，数码规范，大小写齐全数据正确（可使用计算工具）	共2分，酌情给分
	时间（6分）	9分钟内完成以上操作得6分，每超过30秒扣1分，11分钟叫停	
商品录入（30分）	录码（14分）	指法娴熟，动作轻柔、协调流畅，无野蛮操作	每项0.5分，共2分，酌情给分
		商品输入准确，无漏项，无行清、页清动作	共10分，每件商品0.5分，使用行清扣1分，使用页清该项不得分
		对键盘熟悉，操作过程实现盲打（只看显示屏，不看键盘）	盲打得2分，否则不得分
	扫描（12分）	动作轻柔，保护设备及商品，无野蛮操作	共2分，酌情给分
		能在商品扫描后核对显示屏内容，确保条码扫入正确	共10分，每件商品0.5分，使用行清扣1分，使用页清该项不得分
	时间（4分）	2分钟内完成全部操作得4分，每超过15秒扣1分，2分30秒叫停	
结算服务（40分）内容略			

小贴士

设置明确的技能等级后，不同等级有明确的评定标准，不同的技能等级与员工的薪酬、福利、发展和荣誉等都相关，员工将有动力追求更高的技能水平。比较强的员工主观能动性＋量化的学习内容，能使员工培养效率明显提高。

3.4.4　如何量化员工成长

问题场景

1 不知道团队管理者有没有办法掌握员工的学习情况。

2 员工的学习和成长是能够"被看见"的。

3 被看见？怎么看见？

4 可以用量化的方法表征员工的学习进度和成长情况。

5 是吗？怎么做呢？

6 定义出人才的能力框架后，可以把能力框架当成标尺来做。

问题拆解

　　人才培养可以采取"查漏补缺"的方法。团队管理者通过找到员工当前能力和岗位要求能力之间的差距，和员工一起弥补这个差距。这也要求团队管理者应当了解岗位的具体要求和员工当前能力的基本情况。

🔑 方法与工具

工具介绍

员工成长卡片

　　为让人才更好地成长，团队管理者可以为人才设计成长卡片。成长卡片可以用来查找岗位要求能力和接班人当前能力的差距，并形成能力提升计划工具。通过成长卡片，团队管理者能清晰地看到人才当前能力和岗位要求具体在哪方面存在差距，也能通过持续运用这个工具，看到人才成长。成长卡片不仅可以作为人才培养项目的依据，也可以作为培养结果评估的依据。

员工成长卡片样表

可以按照素质、知识、技能和经验4个维度分类，也可以按照单能力维度细分。

能力补充的具体做法，有计划，有行动，才可能有落实。

类别	岗位要求	接班人现状	存在差距	补充差距的方法学习计划/培养方法	完成时间	责任人

用来做能力培养评估检查。团队管理者可以在截至完成时间时，评估员工的完成情况。

帮助员工提升这方面能力的人，可以是团队管理者本人，可以是导师，也可以是某个具备这方面能力的人。

应用解析

案例：某公司客服经理岗位成长卡

类别	岗位要求	员工现状	存在差距	补充差距的方法 学习计划/培养方法	完成时间	责任人
素质	具备创业心态；拥抱变化；能快速适应调整	具备创业心态；不喜欢变化；对工作调整的适应性较差	拥抱变化和快速适应调整方面	拓展训练 头脑风暴	A时间	张三
知识	售前、售中、售后各环节的服务质量评估标准；客服团队工作流程和规范话术；各种投诉及突发事件处理方法；售前售后疑难问题解决方法	售前、售中、售后各环节的服务质量评估标准；客服团队工作流程和规范话术；各种投诉及突发事件处理方法	售前售后疑难问题解决方法方面	导师演示 模拟练习	B时间	李四
技能	熟练运用Word/Excel/PPT/VISIO等软件；有较强的文档编辑及数据处理、分析及总结能力；具备较强的口头和书面沟通能力；逻辑思维能力强，善于分析问题；能独立带领客服团队，较强团队建设管理能力，统筹和计划能力	熟练运用Word/Excel/PPT/VISIO等软件；有较强的文档编辑及数据处理、分析及总结能力；具备较强的口头和书面沟通能力	逻辑思维能力强，善于分析问题；能独立带领客服团队，有较强的团队建设管理能力、统筹和计划能力方面	集中培训 自学 集中练习	C时间	王五
经验	3年以上客服团队管理经验；2年以上第三方售后服务管理经验	无团队管理经验 无第三方售后服务管理经验	3年以上客服团队管理经验；2年以上第三方售后服务管理经验方面	讲座分享 经验传授 时间积累	D时间	赵六

小贴士

　　成长卡不仅可以作为指导员工成长的工具，被用在每一个员工身上，也可以根据需要，对这个工具进行调整，使之变成一个上级对下属成长提出要求或目标的工具。

04

新员工培养 ——————

◆ 本章背景

1 我之前培养新员工时，主要采取导师制，效果不太好，看来只要做好了导师制，新员工培养就能做好了。

2 导师制完善后，新员工的技能成长会有起色。除技能外，培养新员工还要注意让其融入团队。

3 融入确实是个大问题，我的团队新员工的留存率很低。

4 新员工留存率低和对新员工的培养方式有很大关系。

5 具体怎么做呢？

6 新员工培养是一系列工作，导师制是其中一环。识别出这一系列工作，把这些工作都做到位，新员工培养才有可能做好。

背景介绍

　　新员工是团队中重要的新生后备力量，是人才梯队建设和培养的重要对象。做好新员工培养能够让新员工更好地融入团队，坚定自己的职业选择，明确自己的工作目标和岗位职责，掌握工作程序和工作方法，理解并接受团队的规章制度和行为规范，尽快进入角色。

4.1　新员工培养方法

　　培养新员工累，但不培养更累。新员工就像一张白纸，你在上面画下什么图案，新员工就会成为什么样子。团队管理者要对新员工给予额外关注，要重视对新员工的培养，既要保证新员工掌握应知应会的技能，又要保证新员工融入团队。

4.1.1 如何接待新员工

问题场景

1. 现在新员工太玻璃心了，我曾经遇到过一个新员工，入职第一天因为Wi-Fi信号不好就离职了。

2. 这不一定全是员工的问题，也要思考一下我们如何做得更好。

3. 啊？你的意思是新员工因为Wi-Fi信号不好离职，责任在我们喽？

4. 不是责任在谁的问题。我们面试会用细节判断新员工可不可用，新员工入职后用细节判断这个团队值不值得待不也是人之常情吗？

5. 这倒是提醒我了，我们确实应该想想我们在接待新员工时，哪些细节有问题。

6. 换位思考，将心比心，允许我们评判新员工，也要允许新员工评判我们，这叫双向选择嘛。

问题拆解

对待新员工不能像对待老员工一样。新员工刚到一个新的环境，一切都是陌生的，对周围的人、事、物难免有些敏感。团队管理者要考虑新员工的感受，做好新员工接待的细节。

方法与工具

工具介绍

新员工常见问题解答

　　新员工刚来到工作岗位不久，面对陌生的环境，难免有各种各样的问题。这些问题对老员工而言已经驾轻就熟，不算是问题，但对新员工来说是实实在在需要解决的。这些问题具备一定的共性，团队管理者应了解和收集这类问题，对有通用答案的问题，可以将答案固化，在接待新员工时直接告诉他们，并帮助新员工解决这类问题。

新员工入职时的常见问题

食堂/宿舍在哪里？怎么走？怎么打饭？

岗位工作职责是什么？做好职责要注意什么？

工作时间如何安排？平时如何休假？

团队平时都提供哪些福利？

工作中可能遇到什么危险？

什么情况下可以提高薪酬待遇？

可以通过哪些方式学习与成长？团队会统一提供哪些学习机会？

工作职位的发展情况如何？如何晋升与发展？

应用解析

案例：团队管理者必须为新员工做的 18 件事

序号	事项
1	互相进行自我介绍
2	最初的交流：进行一次最初的交流，了解员工基本情况
3	将员工介绍给部门的其他人，并向员工介绍其他人
4	带领员工熟悉办公环境和其他部门
5	带员工去餐厅吃一顿午餐
6	教员工如何使用办公系统
7	与员工共同制订实习计划
8	将员工送到工位上，并为其介绍工作情况
9	亲自给员工示范讲解一项工作
10	让员工动手做一件事情，给予指导
11	为员工布置一项有挑战的任务，并检查员工的完成情况
12	检查员工每周的总结，并给予点评
13	每月对员工的表现进行书面总结
14	每月就实习计划的完成情况与员工一起讨论
15	每月与员工谈一次心
16	帮员工解决一项工作中的困难
17	帮员工解决一项工作以外的困难
18	表扬并鼓励员工一次

小贴士

为了保证团队管理者接待好新员工，可以把团队管理者接待新员工时对新员工做的事量化、标准化，形成如上表一样规范化的流程和方法。这种清单式的管理方法能够有效避免发生遗漏。

4.1.2　如何稳住新员工

问题场景

1 细节是魔鬼，看来这句话在新员工培养中也适用。

2 没错，除细节外，还要做好新员工接待的流程，把流程和细节结合到一起。

3 流程也要体现细节，细节也要体现流程呗。

4 理解得挺深刻嘛，确实是这样。

5 忽然想到一个问题，以前我对新员工过于苛刻和严厉了。新员工犯错后我会特别火大，不够包容。

6 新员工刚接触工作，难免犯错。犯错后不应过分责怪，应当以安抚为主。

问题拆解

团队管理者能否稳住新员工，除了与对待新员工的细节有关，还和新员工的接待流程有关。实施标准化的新员工培养流程，有助于新员工的长期稳定。

方法与工具

工具介绍

新员工迎接流程

　　刚进入一个陌生的环境，任何人都会感到忐忑不安，为了让新员工尽快融入环境，要给新员工留下好的第一印象。团队管理者可以通过标准化的流程亲切地迎接新员工，让新员工感到轻松愉快。要给新员工留下"这里的人都很好"的印象。

连接新员工的 6 个步骤

和新员工一起执行学习计划，过程中注意持续指导和纠偏，并定期检核新员工的学习情况。

主动向新员工介绍自己的姓名、岗位、负责工作，然后请新员工介绍自己。对新员工说："别担心，有什么不会的问题，可以随时问我。"

协助新员工消除紧张和不安的情绪，例如说，"别担心，我刚来的时候也这样，过两天习惯了就好了。"注意语速放慢，面带微笑，声音放低。

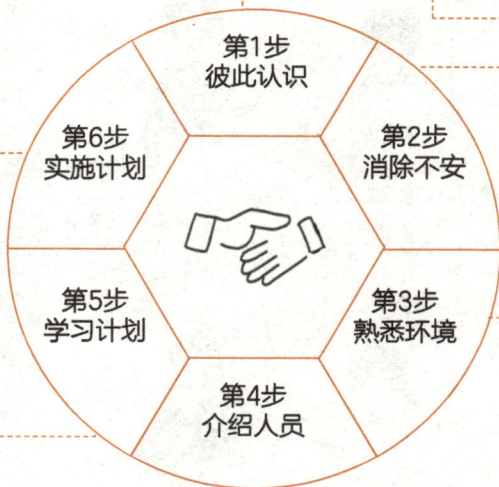

- 第1步 彼此认识
- 第2步 消除不安
- 第3步 熟悉环境
- 第4步 介绍人员
- 第5步 学习计划
- 第6步 实施计划

初步熟悉之后，为新员工制订学习计划。根据岗位技能要求因材施教，合理安排新员工的学习进度。

带着新员工认识部门的同事，并介绍与其工作相关的其他部门的联系人。

带着新员工熟悉环境，除了工作环境外，还应包括打卡处、洗手间、更衣室、食堂等场所。

应用解析

新员工刚工作犯错时的 5 点注意事项

| 切勿
当众出丑 | 不听
一面之词 | 不要
失去冷静 | 做到
有话直说 | 不要
忘了鼓励 |

新员工犯错不仅在所难免，而且是成长的重要环节。新员工犯错时团队管理者不要失去冷静，不要表达负面情绪，应冷静帮助新员工找出问题根源，让新员工别再犯类似错误。

判断新员工是否犯错，要确定事实，不听一面之词。包括新员工的一面之词，也包括指出新员工犯错者的一面之词。

对新员工要有话直说，该说的一定要说到，别拐弯抹角，别暗示，别有"应该懂我的意思"的想法。

新员工对新环境有所排斥，不要让新员工当众出丑，很可能会打击新员工的积极性，导致新员工离职。

对新员工应以鼓励为主，多说鼓励的话，增强其信心，让新员工不要因害怕犯错而不敢行动。

小贴士

很多团队管理者对新员工的错误容忍度不够。新员工刚接触工作不久，犯错在所难免。团队管理者要允许新员工犯错，要在心中给新员工的错误留有空间。新员工有错误时多引导，少责备。

4.1.3 如何培养新员工

🔒 问题场景

1 培养新员工的目标应聚焦在让新员工胜任岗位，还是直接把新员工朝某个关键岗位培养？

2 直接把新员工朝某个关键岗位培养比只针对新员工所在岗位培养效果更佳。

3 是吗？为什么呢？

4 这样新员工更有奔头，目标感更强，而且有助于人才梯队建设。不过也要注意，应选择优秀的新员工做这类定向培养。

5 很多导师反映不知道该教新员工什么，怎么办呢？

6 可以根据不同岗位，形成岗位标准化的学习内容。

问题拆解

　　当团队后备人才紧张，缺少足够人才在未来补充到关键岗位时，可以对新员工实施定向培养策略。例如，当团队现有储备人才无法满足未来 1～3 年经营发展的管理人才需求时，可以招募优秀的应届毕业生，通过 1～3 年的系统培养，将其培养成优秀管理岗位后备人才。

方法与工具

工具介绍

新员工的定向培养

定向培养是团队管理者通过与新员工充分沟通，了解新员工对职业发展的期望后，提前与新员工一起设计好职业发展方向，为新员工提供足够的学习机会、培训支持和资源帮助。定向培养能不能成功，除了要看团队管理者在这方面的组织和投入外，还要看员工本人的努力。

定向培养新员工的 5 个关键

定向培养的新员工应素质较高、有一定知识积累、工作态度积极向上，在能力和经验方面的要求可适当放低。

定向培养的新员工人数应参照关键岗位用人需求，要考虑新员工离职率、淘汰率和人才培养成功率这三个方面。

人才培养有时间周期，关键岗位人才需求也有时间周期。定向培养新员工的时间应当兼顾这两大周期。

人选

人数

周期

资源

计划

对于定向培养新员工，团队应当给予一定的资源支持。例如设立定向培养基金，给定向培养新员工更高的薪酬待遇。

对定向培养的新员工都应安排导师，由导师与新员工一起制订培养计划，而且要注意持续对计划实施评估。

应用解析

某零售上市公司生鲜主管岗位学习卡片部分内容

序号	温馨提示	学习内容	学习要点	参考学习天数	学习起止时间	合格后导师签名
1	我要让家里的每一个角落干净整洁	卫生管理	1.保障商品卫生 2.个人清洁卫生 3.加工设备卫生 4.柜组环境卫生 5.仓库存储卫生	1		
2	永远记住：安全第一	安全管理	1.食品安全 2.人身安全 3.消防安全 4.设备安全 5.防盗安全	2		
3	我每天应该做哪些事呢？	主管工作流程	1.每天作息时间 2.工作流程 3.工作重点	2		
4	想一想要如何装饰我的家呢？	标示系统管理	1.标示的种类 2.标示的使用标准和规范	2		
5	我的柜组，要尽在掌握	商品品类	1.大中小、次小、单品分类 2.战区、高敏感、敏感、非敏感、盲区	2		
6	工欲善其事，必先利其器	工具的使用和维护	1.类型:加工设备、超市设备、电子设备 2.正确的操作和使用 3.维护和保养 4.RF设备的使用	2		

小贴士

　　除了岗位学习卡中对学习内容和要点的提示外，该公司在每家店都配有学习资料，包括内网系统中的各类流程标准、打印版的培训资料、岗位技能手册等。员工可以在上班时间学习，也可以利用下班时间将关键知识点抄在笔记本上，回家复习。

4.2 新员工培养内容

　　培养新员工的内容不仅包括新员工上岗前的集中培训，还包括在团队确定录用新员工后，从新员工报到，到技能水平达到岗位基本要求（如果有人才梯队定向培养，还包括到新员工达到定向岗位能力要求）这期间需要的一系列学习过程。

4.2.1 新员工应怎么学习

🔒 **问题场景**

1 培养新员工究竟包括哪些内容？到底是指新员工的入职培训，还是在岗位上的师徒式培养？

2 两者都算，实际上不止这两项，其他和培养新员工有关的形式都属于。

3 这么说来，培养新员工是个很漫长的过程。

4 不能说漫长，但确实耗时会长一些，是需要一直关注的。

5 我原来总把培养新员工看成一件事，好像某件事做完就结束了，其实它是一系列事。

6 是的，应当把培养新员工看成一个项目。

问题拆解

培养新员工不可能一蹴而就，不能抱着做几件事就能培养成功的心态来实施新员工培养。新员工培养是一个项目，要想项目成功实施，需要对项目实施全过程管控。

方法与工具

工具介绍

新员工的培养形式

基于不同的培养目的，团队管理者可以把新员工培养分成多个部分，有的是集中组织的培训，有的是师徒培养，有的是针对性的培养，有的是新员工的自学。根据新员工入职不同阶段的特点，把这些培养形式有机结合在一起后，对新员工的培养才能成立。

新员工培养常见的 4 种形式

可以组织新员工集中培训，着重传授通用知识。

可以运用导师制，让导师着重传授新员工技能和经验。

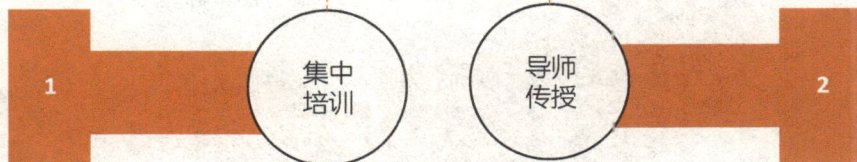

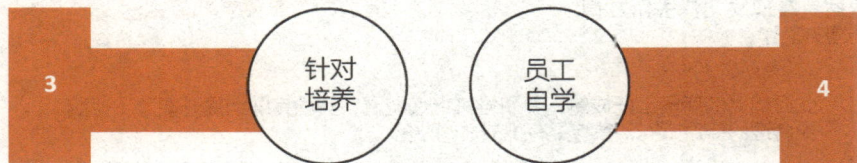

1 集中培训

导师传授 **2**

3 针对培养

员工自学 **4**

可以对特有技能采取针对性培养，专项培养，"一事一议"。

可以鼓励员工自学，让员工快速掌握通用的、标准化知识。

应用解析

案例：某公司新员工培养的 5 个阶段

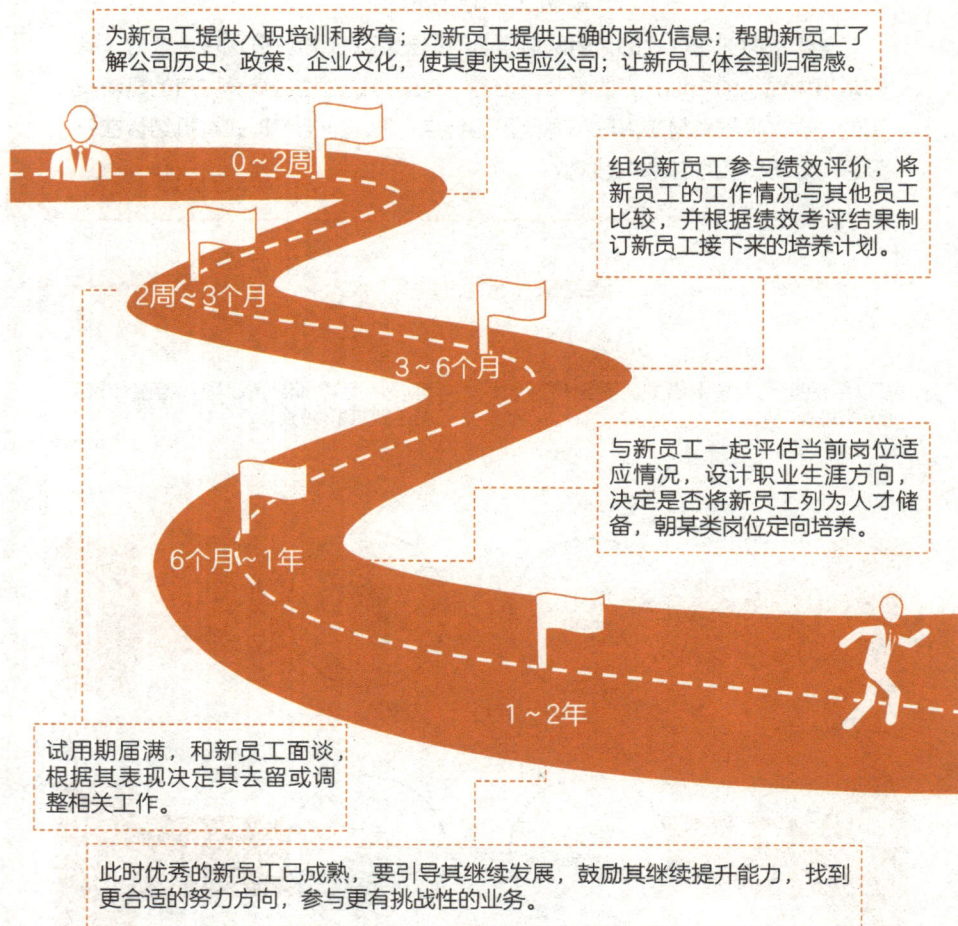

为新员工提供入职培训和教育；为新员工提供正确的岗位信息；帮助新员工了解公司历史、政策、企业文化，使其更快适应公司；让新员工体会到归宿感。

0~2周

组织新员工参与绩效评价，将新员工的工作情况与其他员工比较，并根据绩效考评结果制订新员工接下来的培养计划。

2周~3个月

3~6个月

与新员工一起评估当前岗位适应情况，设计职业生涯方向，决定是否将新员工列为人才储备，朝某类岗位定向培养。

6个月~1年

1~2年

试用期届满，和新员工面谈，根据其表现决定其去留或调整相关工作。

此时优秀的新员工已成熟，要引导其继续发展，鼓励其继续提升能力，找到更合适的努力方向，参与更有挑战性的业务。

小贴士

新员工培养不仅限于新员工培训，而是指新员工成长为熟练工的全过程，这段周期往往要经历比较长的时间。要保障新员工的有效培养，团队管理者应提前设计好整个培养周期。

4.2.2　新员工应学习什么

问题场景

1 培养新员工主要应该教技能吧？新员工掌握了技能，才有可能达成绩效。

2 技能确实重要，但除技能外，新员工还应该学习很多其他内容。

3 如何设计新员工培养的内容呢？

4 这个可以根据新员工培训的根本目的来设计。

5 一般可以包括哪些内容呢？

6 培养初期的主要内容分成两部分，一部分可以通过集中培训获得，另一部分可以在团队日常工作中获得。

问题拆解

　　新员工不能只注重培养其技能，还应当根据其特点设计更丰富的学习内容。丰富的学习内容不仅能培养新员工，也能让新员工感到自己得到了来自团队的关爱，更容易产生对团队的认可和凝聚力，提高其稳定性。

方法与工具

新员工培养的两类内容

在新员工培养初期，培养内容主要分成两部分，一部分可以通过集中培训获得，另一部分可以在新员工的日常工作中获得。这两部分由于内容和定位不同，操作方式各有不同。

新员工集中培养应学习的 5 类内容

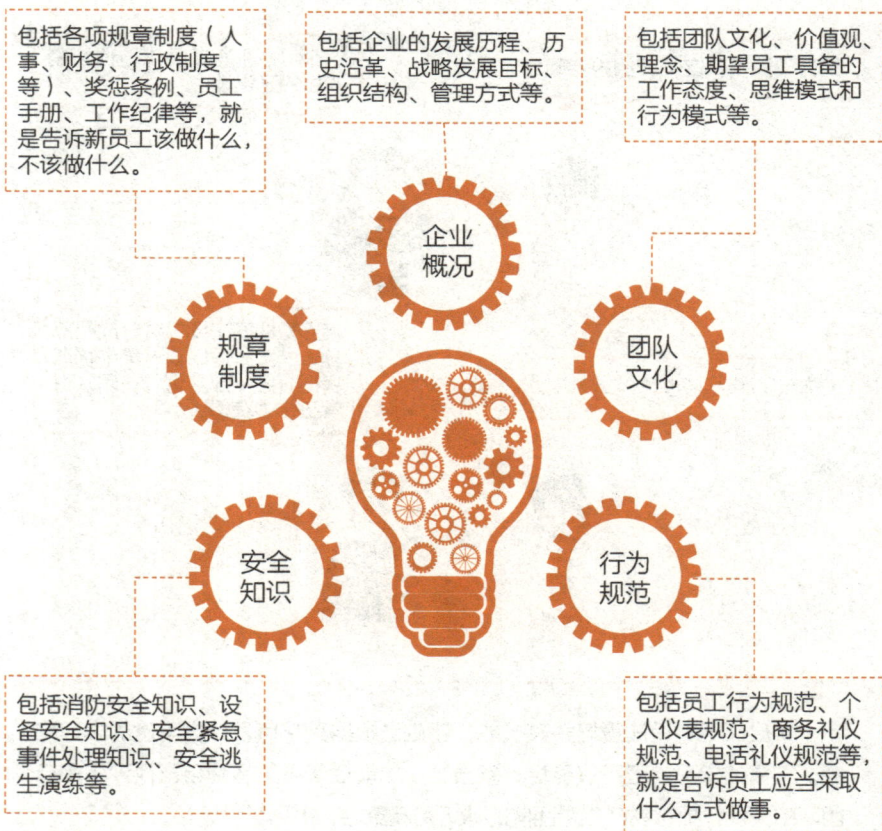

包括各项规章制度（人事、财务、行政制度等）、奖惩条例、员工手册、工作纪律等，就是告诉新员工该做什么，不该做什么。

包括企业的发展历程、历史沿革、战略发展目标、组织结构、管理方式等。

包括团队文化、价值观、理念、期望员工具备的工作态度、思维模式和行为模式等。

企业概况

规章制度

团队文化

安全知识

行为规范

包括消防安全知识、设备安全知识、安全紧急事件处理知识、安全逃生演练等。

包括员工行为规范、个人仪表规范、商务礼仪规范、电话礼仪规范等，就是告诉员工应当采取什么方式做事。

应用解析

团队管理者日常工作传授新员工的 5 类内容

包括部门职责、汇报关系、汇报流程、对外联络、工作程序、设施设备操作方法与保养方式等。

包括岗位的班次、就餐时间、可能出现的紧急情况及处理程序、需要用到的生产资料、业务知识及技能等。

岗位概况

个性要求

熟悉环境

技能训练

包括介绍内部联络同事、外部联络人，熟悉内外部物理环境和人文环境。

员工需要的技能。员工的技能要持续练习，要注意对员工技能应用持续纠偏。

小贴士

集中培训定位于解决新员工共性问题，日常工作中的传授定位于解决新员工个性问题。

4.2.3　新员工培训怎么做

问题场景

1 说起集中培训，我发现自己很不会组织，常常把培训变成了开会。

2 培训和开会的区别还是挺大的，你觉得问题出在哪里呢？

3 问题也许出在我没有设计好培训流程，也没有安排好培训内容吧。

4 嗯，这确实有可能是问题根源。好的培训要遵循一定的标准化，流程的标准化和内容标准化都是有必要的。

5 看来我先要在新员工培训流程和内容的标准化上下功夫了。

6 设定标准时也要参考培养新员工的根本目的，根据实际情况来设定标准。

问题拆解

　　培训≠开会，培训侧重于学习知识，开会侧重于交流信息。新员工集中培训能不能做好，培训组织的标准化起着决定性作用。设定新员工集中培训标准时，除了要参考新员工培训目的外，还应根据团队实际情况来设计。

方法与工具

集中培训的标准化流程

　　培训效果与培训的组织工作密切相关。组织得当、内容到位、呈现得体的集中培训才能起到应有的效果。要保证集中培训的组织工作达到预期效果，应当按照标准化的流程组织集中培训。集中培训的标准化流程通常分成 3 个阶段，分别是准备阶段、实施阶段和评估阶段。

新员工集中培训的操作流程

在集中培训开始前，根据新员工的数量、背景等情况确定培训时间，拟定培训具体方案，发送培训通知，做好培训讲师沟通和场地、设备等培训资源准备。

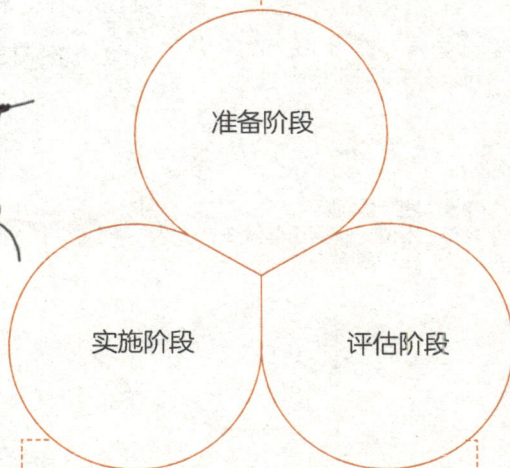

准备阶段

实施阶段

评估阶段

集中培训运行时，要做好培训全过程组织管理，包括人员协调、场地安排布置、讲师沟通安排、课程调整、进度推进、培训质量监控等，保证培训按照预定计划顺利运行。

汇总分析集中培训后的反馈意见，总结出对培训课程、培训讲师、授课方式、授课时间等改进参考意见，培训结束后形成总结分析报告。

应用解析

新员工培训讲师常见 4 类人选

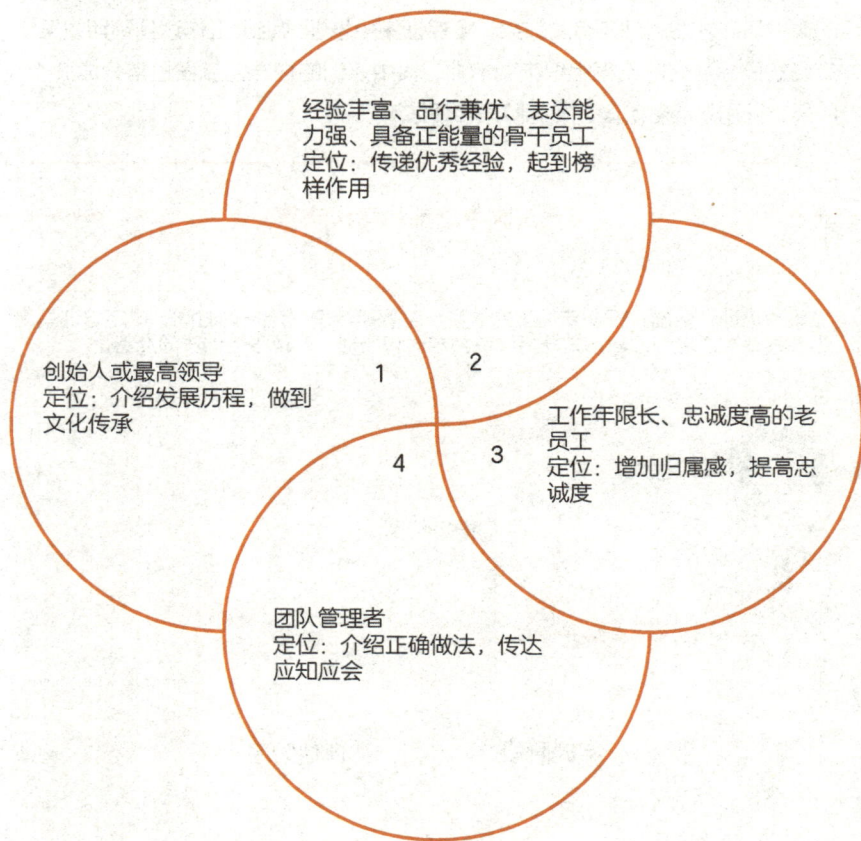

经验丰富、品行兼优、表达能力强、具备正能量的骨干员工
定位：传递优秀经验，起到榜样作用

创始人或最高领导
定位：介绍发展历程，做到文化传承

1

2

工作年限长、忠诚度高的老员工
定位：增加归属感，提高忠诚度

4

3

团队管理者
定位：介绍正确做法，传达应知应会

小贴士

新员工集中培训的讲师一般不宜使用外部讲师，应尽量在企业内部寻找。因为外部讲师很难真正了解内部的核心文化和倡导理念，很难把团队精神的核心精髓传递给新员工。

4.3　新员工培养常见问题和注意事项

　　由于不同企业的规模、文化、管理模式不同，在实施新员工培养方面的能力、方式、流程也千差万别。一些管理或操作不当的企业，在新员工培养中常常出现各种问题，或者在一些关键环节中没有注意操作方法。

4.3.1　新员工培养常见问题

问题场景

1 其实我们现在也有针对新员工的培养，只是培养效果不佳。

2 抛开前面说的，很可能是一些细节没做好。

3 比如说呢？

4 比如说给新员工提供的信息量太大，把新员工培养变成了单向的灌输，效果肯定不会好。

5 这么说来我们还真有这类问题，在培养上有些拔苗助长了。

6 信息量太大和信息量太少都有问题，新员工培养的内容设计应适度。

问题拆解

　　人在一段时间内能接受的信息量是有限的，灌输式的教育之所以没有效果，是因为这种教育方式没有考虑到人的正常需求，是反人性的。要做好新员工培养，应当注重培养细节。

方法与工具

工具介绍

新员工培养问题发现

很多团队虽然有新员工培养，但做得不好，常常达不到预期目标和效果。这种情况往往源于新员工培养过程中出现了一些常见错误，产生了很多问题。如果能提前发现和预防这类问题，能够有效保障新员工培养的实施效果。

新员工培养 4 类常见问题

团队管理者总希望在短时间内向受训者灌输大量信息。然而人在一定时间内能吸收的信息量是有限的。当超过人能接受的程度时，学习效率会下降，压力会上升，学习效果会变差。

有的团队该向新员工传递的信息没有传递到位，导致新员工没有接收到充分的信息，无法融入团队，最终导致离职。

信息量少

信息超载

体验感差

缺少反馈

有的团队只重视新员工集中培训的数量、时间、人数，以为培训结束就等于完成任务，对培训效果视而不见。培训没有与实际工作联系，造成培训与实际工作脱节。

培养新员工的效果与新员工的体验呈正相关。新员工对公司有期待，有比较，如果得不到好的体验，会影响新员工对团队的印象，甚至影响新员工的留存率。

应用解析

新员工培养 4 类常见问题解决方案

针对信息超载的问题，在新员工培养初期阶段可只灌输重要信息。对复杂的信息可提供书籍或资料以便新员工复习。培养可以分期、分阶段进行，形成时间缓冲。注意后续跟踪，确保新员工完全理解，可以在跟踪谈话时，回答其提出的额外问题。

针对信息量少的问题，应完善新员工培养的内容体系和管理体系。通过头脑风暴设计全面的新员工培养内容，保证新员工在整个培养过程中能够接收到足量的知识和信息。

针对缺少反馈的问题，应按科学方法进行培训效果评估。要做好新员工培养的跟踪反馈，每过一段时间要到工作岗位上了解新员工的真实想法，定期关注和跟踪新员工的成长和职业发展。

针对体验感差的问题，要准确把握新员工需求，精心设计课程和学习安排。除信息传递外，可以加入一些游戏、体验、交流、探讨等互动沟通环节，形成双向交流，增加与新员工间的情感连接。

小贴士

沟通是发现问题的关键，想要发现新员工培养各个环节中的问题，就要定期与新员工交流。要学会站在新员工的立场，发现和理解新员工的真实感受，而不是一味站在管理者的角度认为新员工应该怎么想、怎么做。

4.3.2　新员工培养注意事项

问题场景

1 看似简单的新员工培养，没想到其中有这么多内涵。

2 要不怎么有"十年树木，百年树人"一说？培养人可不是件简单的事。

3 是啊，可能一时没注意，最后就没效果，前面努力都白费了。

4 关于这一点，可以建立一个评估反馈机制，阶段性评估新员工培养的质量，发现问题及时改进。

6 最好定期和新员工沟通，询问新员工的真实感受，发现问题。如果新员工的人数比较多，没有时间沟通，可以定期收集新员工的反馈意见。

5 怎么评估呢？

问题拆解

　　没有评估就没有改进，想要新员工培养做得更好，除了注重细节之外，还应定期评估新员工培养的效果。

方法与工具

新员工培养评估

新员工培养做得怎么样，新员工最有发言权。通过对新员工培养效果的定期评估，团队管理者能够发现新员工培养中存在的问题，设计出新员工培养的注意事项。

新员工成长申告评估表

姓名			部门		岗位	
学历			专业		入职时间	

<table>
<tr><td rowspan="5">现任岗位内容</td><td colspan="6">现任岗位内容，总结三项主要业务如下：</td></tr>
<tr><td colspan="6"></td></tr>
<tr><td>工作难易度</td><td>工作量</td><td>工作兴趣</td><td>工作胜任度</td><td>职场人际关系</td><td>总体满足度</td></tr>
<tr><td>1.偏难</td><td>1.偏多</td><td>1.有兴趣</td><td>1.充分胜任</td><td>1.融洽</td><td>1.满足</td></tr>
<tr><td>2.适当</td><td>2.适当</td><td>2.一般</td><td>2.能够应付</td><td>2.平淡</td><td>2.一般</td></tr>
<tr><td></td><td>3.偏低</td><td>3.不足</td><td>3.无兴趣</td><td>3.不能胜任</td><td>3.紧张</td><td>3.不满足</td></tr>
</table>

职业生涯设想	1.你希望从事何种业务，最能发挥自己的才能，如管理还是技术？		
	2.你对自己的职业生涯是如何考虑的？		
	3.你现在具有什么能力与特长？		

具体申告内容	教育培训意愿申告（如有具体培训项目请记录）		
	1.		
	2.		
	本人意愿申告	具体转换申告	理由
	1.希望保持现状		
	2.希望在公司内调换部门		
	3.希望尝试其他岗位的工作		
	自由记录栏		

应用解析

新员工培养的 3 个注意事项

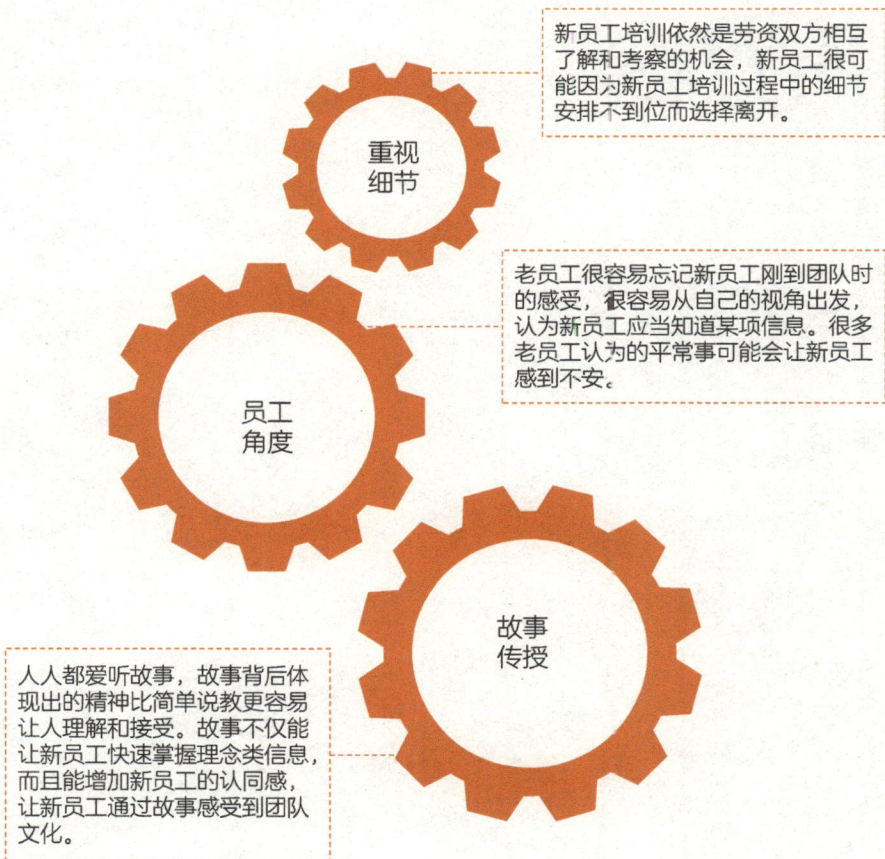

重视细节

新员工培训依然是劳资双方相互了解和考察的机会，新员工很可能因为新员工培训过程中的细节安排不到位而选择离开。

员工角度

老员工很容易忘记新员工刚到团队时的感受，很容易从自己的视角出发，认为新员工应当知道某项信息。很多老员工认为的平常事可能会让新员工感到不安。

故事传授

人人都爱听故事，故事背后体现出的精神比简单说教更容易让人理解和接受。故事不仅能让新员工快速掌握理念类信息，而且能增加新员工的认同感，让新员工通过故事感受到团队文化。

小贴士

新员工的培养是循序渐进的，不能操之过急，无法一蹴而就。团队管理者不能期望新员工在短时间内像自己一样了解团队，忠于团队。

05

老员工培养 ————————

💎 本章背景

1 培养老员工是不是应当以培养忠诚度为主呢？

2 忠诚度其实是个伪命题，很难被培养出来。

3 我认为老员工的忠诚度很重要啊！为什么很难培养？

4 员工薪酬到位，工作开心，能获得成就感，忠诚度自然会高，反之忠诚度自然会低。

5 那对老员工应该培养什么呢？

6 与其培养老员工的忠诚度，不如培养老员工的能力，根据不同岗位类型有针对性地培养，让其达成高绩效。

小贴士

　　老员工在团队中起着重要作用，对老员工的培养能够起到提升团队效益和效率，降低成本和风险的作用，最终导向高绩效。对老员工的培养可以把重点聚焦在对关键岗位老员工技能的培养上，根据这些关键岗位的特点和能力要求，采取有针对性的培养方式。

5.1　培养方向定位

很多团队在开展老员工培养前，不知道该培养老员工什么，有的团队是市面上流行什么就培养什么，有的团队是在外部市场上遇到什么就培养什么，还有的团队是自己有能力组织什么就培养什么。这些团队对老员工的培养都没有建立在需求的基础上，结果花费了很多资源，却达不到团队想要的结果。

5.1.1　如何找到学习需求

问题场景

1 一说起老员工培养我就头疼，我曾多次组织过老员工内外部学习，但效果一般。

2 你是怎么组织老员工学习的呢？

3 我觉得什么对老员工有利就学什么呗。

4 也许你应该根据老员工的需求来组织学习，而不是靠主观判断。

5 怎么根据需求组织学习？

6 首先判断不同岗位需要的能力，然后评价老员工当前能力和要求能力之间的差距，根据能力缺项判断老员工应学什么。

问题拆解

老员工培养是查漏补缺式的，缺什么能力就补什么能力。要判断老员工缺什么能力，首先要知道不同岗位的老员工都需要什么样的能力，根据能力要求和当前能力情况，找到其能力差异，从而有针对性地补充能力。

方法与工具

工具介绍

学习需求的公式

需求 = 期望 − 现状。

这个公式是学习需求分析的核心公式。从这个公式中，团队管理者应当清楚学习需求分析到底要分析什么。学习需求分析，是找出团队中各层级的期望与现状之间的差距。

从女士减肥看学习需求

有位女士想减肥，找到减肥中心。这时，这位女士的需求确认了吗？没有！目前只知道女士有减肥的需求，但这并非一个准确有效的需求。

三个月后，我要把体重从140斤减到110斤。

假如女士现在体重是140斤，她想在3个月后把体重减到110斤。这时，需求找准了吗？
没有！140斤和110斤都是女士自己说的，还需要工具进行准确测量。

以减肥中心电子秤测量的结果为准，这时需求确认了吗？没有！
目前只是女士单方面说出要求，减肥中心没发表意见。

考虑健康，减肥中心建议女士半年内从140斤减到110斤。女士觉得可以，双方达成共识，此时需求得到最终确认。女士的需求是以减肥中心电子秤测量结果为基准，半年时间内，体重由140斤减到110斤。

应用解析

团队管理者确认学习需求的 3 个关键

找学习需求，要找到待解决的核心问题是什么，要找到期待达成的目标是什么，期望的效果是什么。找问题相当于要找到病根，对症下药。问题有轻重缓急之分。

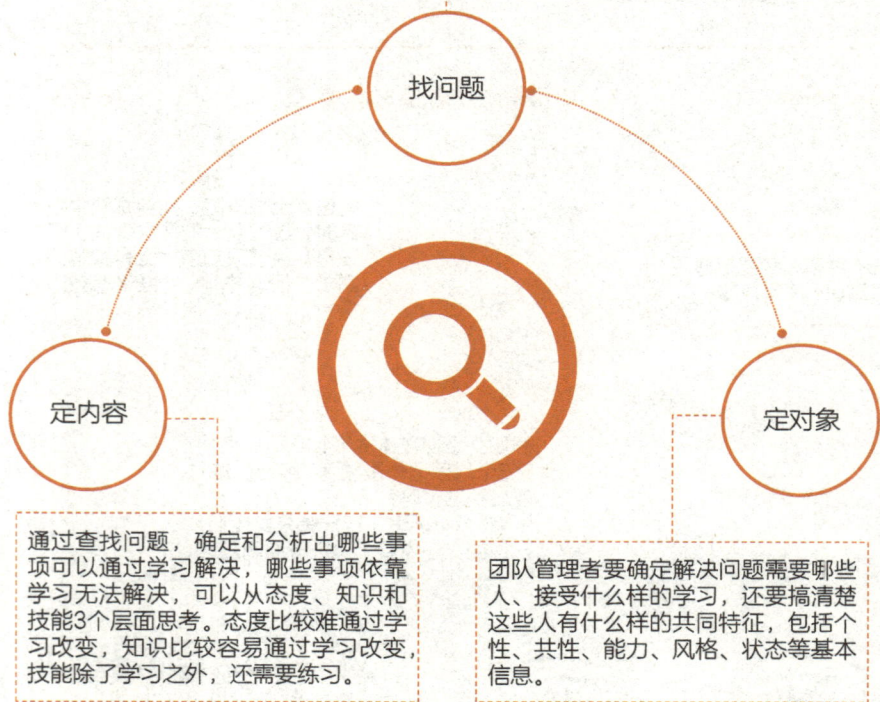

找问题

定内容

定对象

通过查找问题，确定和分析出哪些事项可以通过学习解决，哪些事项依靠学习无法解决，可以从态度、知识和技能3个层面思考。态度比较难通过学习改变，知识比较容易通过学习改变，技能除了学习之外，还需要练习。

团队管理者要确定解决问题需要哪些人、接受什么样的学习，还要搞清楚这些人有什么样的共同特征，包括个性、共性、能力、风格、状态等基本信息。

小贴士

就算通过女士减肥的案例完全理解了找到学习需求的方法，在实践操作环节，学习需求分析还是很容易出问题。有时候学习需求只停在理念层面，不够具体；有时候学习需求只有方向，不够量化；有时候只有该学什么，不清楚多久学完，也不知道学到什么程度，这些都是团队管理者尽可能避免的。

5.1.2　如何分析学习需求

问题场景

1 按照前面说的老员工培养逻辑，团队对老员工的能力要求较高，且能力要求会随业务发展变化，所以老员工的学习需求一般会比较多吧？

2 是的，老员工的学习需求一般分成战略层、任务层和员工层三大类，这三大类分别对应着员工的能力要求和学习需求。

3 在培养老员工时，老员工自己想学什么应该是第一位的吧，这毕竟决定了老员工愿不愿学习。

4 并不是，老员工想学什么只是个人想法，团队需要才应该是第一位的。

5 可老员工如果不愿学习团队需要的该怎么办呢？

6 这就需要在发现老员工的学习需求时，向老员工传达学习内容的重要性。

问题拆解

　　学习资源是有限的，对老员工的培养应当先分析学习需求。用优质的学习资源优先满足重要的需求。团队管理者应当尊重老员工本人的学习意愿，但不应将其放在第一位。老员工的学习需求应当以团队的战略需要为主，以任务需要为辅，以员工个人需要作为补充。

方法与工具

工具介绍

学习需求分析的 3 个层次

要充分了解团队的学习需求，要了解团队中高层、中层和员工个人 3 个层面的想法和需求。通过管理工具，把这些需求量化，让这些需求具备可实施性和可操作性，并且在未来同样能够被测评。对需求进行具体分析、沟通，最终形成确认的需求。

高层需求也是战略层面的需求，是把握团队整体发展方向的高层领导对实现战略发展目标的培训需求。中层需求也是任务层面的需求，是与岗位绩效提升直接相关的需求。员工需求也是个人层面的需求，是个人对学习需求的意愿。

这 3 层需求分别代表不同维度，也分别来自不同维度。3 层需求交汇处是第一位应满足的需求。

学习需求分析的 3 个层次

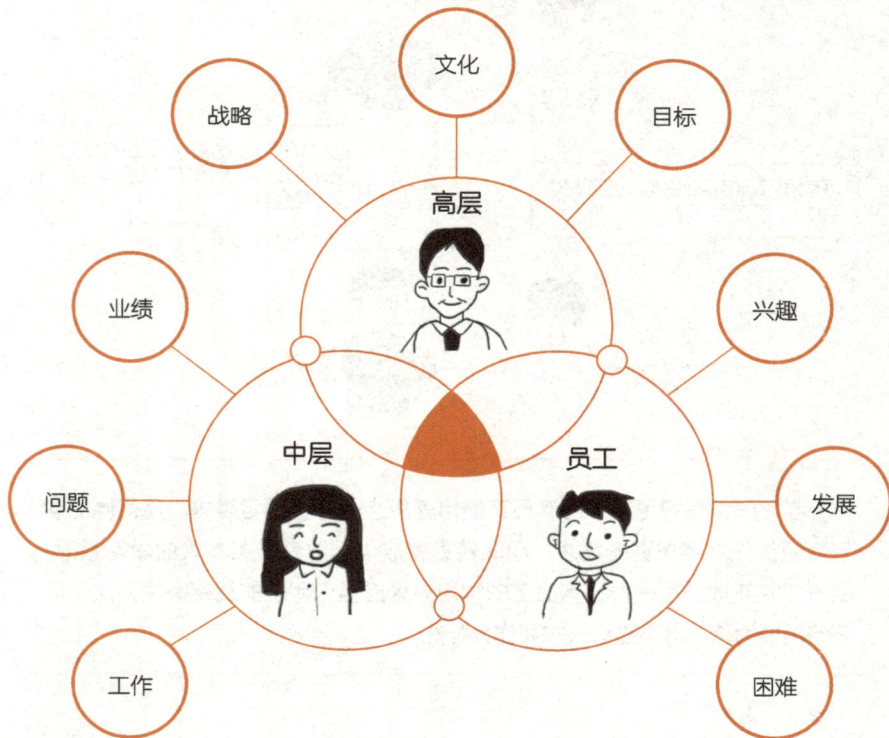

应用解析

学习需求分析 3 个层次作用

战略层面的需求能帮助整个团队找到学习目标，让学习更有针对性，而非盲目传递知识，避免资源浪费。

任务层面的需求能帮助找到影响绩效的任务所在，找到更好完成任务的方法，聚焦员二完成任务的能力需求。

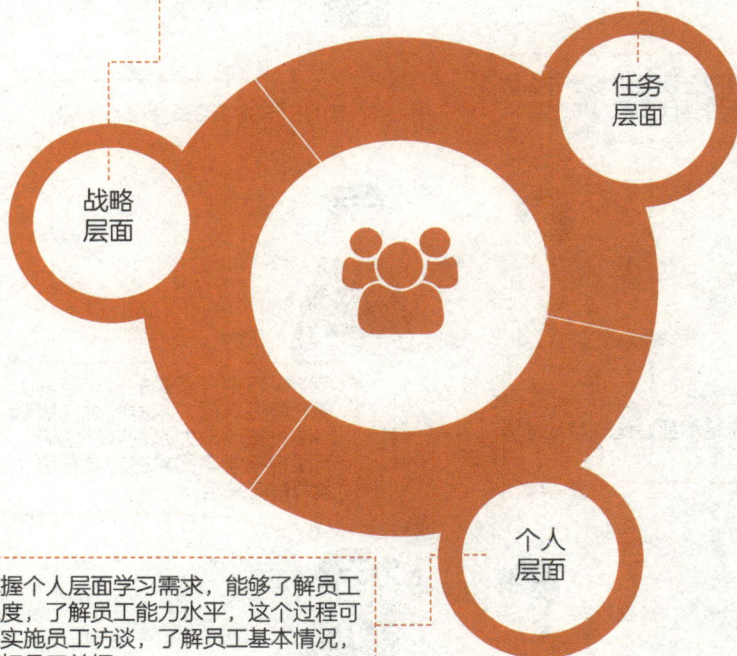

战略
层面

任务
层面

个人
层面

掌握个人层面学习需求，能够了解员工态度，了解员工能力水平，这个过程可以实施员工访谈，了解员工基本情况，做好员工关怀。

小 贴 士

　　3 个层次学习需求分析过程中存在大量沟通，这些沟通让学习需求分析过程不仅能确定团队中各岗位该学什么，也是对团队战略目标、执行策略和行动方法的梳理，有助于团队业务发展。

5.1.3　如何确认学习需求

问题场景

1 分析完老员工的学习需求后，就可以直接开始培养了吧?

2 还有必要分清楚培养的主次和先后顺序。

3 也就是要分清楚先培养什么能力，再培养什么能力是吧?

4 是的，毕竟学习资源是有限的。

5 应当先培养那些比较容易培养的能力吧?

6 不对，不要在正确的事和容易的事之间做选择。培养的优先级顺序不是按照能力是否容易培养，而是根据学习需求的重要程度和紧急程度来定。

NO!

问题拆解

　　老员工学习需求分析后的下一步，是学习需求确认。学习需求的种类和数量可能比较多，但团队资源有限，对团队来说，先满足哪类学习需求，再满足哪类学习需求，不能根据学习需求满足简单与否，而应当根据学习需求的重要和紧急程度进行确认。

方法与工具

工具介绍

学习需求确认

学习需求分析后的重要步骤，是学习需求的确认环节。没有经过确认的学习需求，不是真正的学习需求。学习需求的种类和数量可能比较多，但团队资源有限，先满足哪类需求，再满足哪类需求，哪类需求应当动用较多的资源重点解决，哪类需求只需要动用较少的资源甚至可以忽略，等等。学习需求确认，正是分类确定所有学习需求重点和优先级的过程。

学习需求的优先级选择

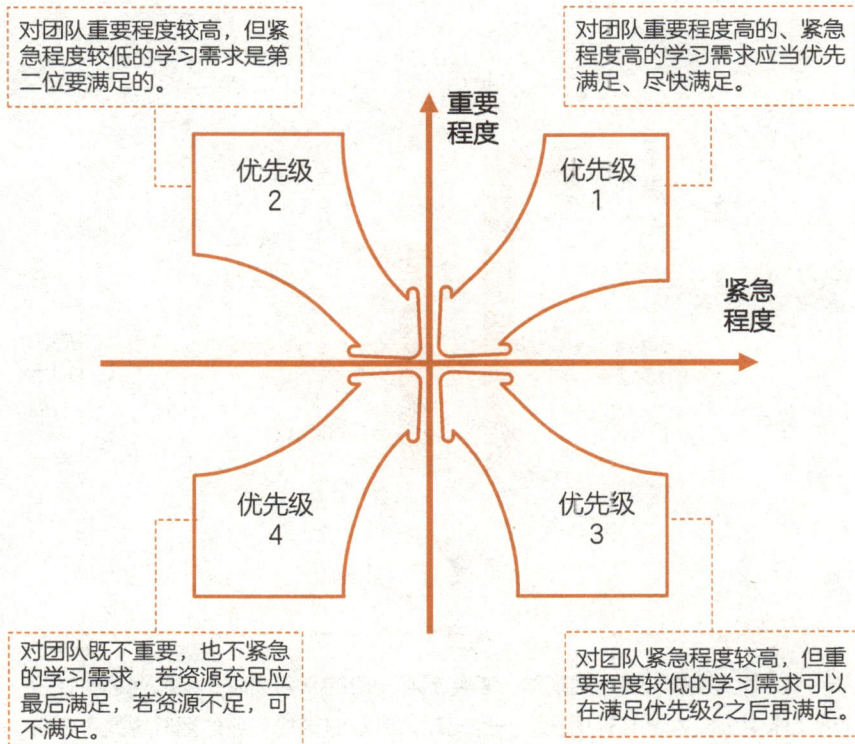

对团队重要程度较高，但紧急程度较低的学习需求是第二位要满足的。

对团队重要程度高的、紧急程度高的学习需求应当优先满足、尽快满足。

重要
程度

优先级
2

优先级
1

紧急
程度

优先级
4

优先级
3

对团队既不重要，也不紧急的学习需求，若资源充足应最后满足，若资源不足，可不满足。

对团队紧急程度较高，但重要程度较低的学习需求可以在满足优先级2之后再满足。

147

应用解析

常见 9 种临时学习需求的情况

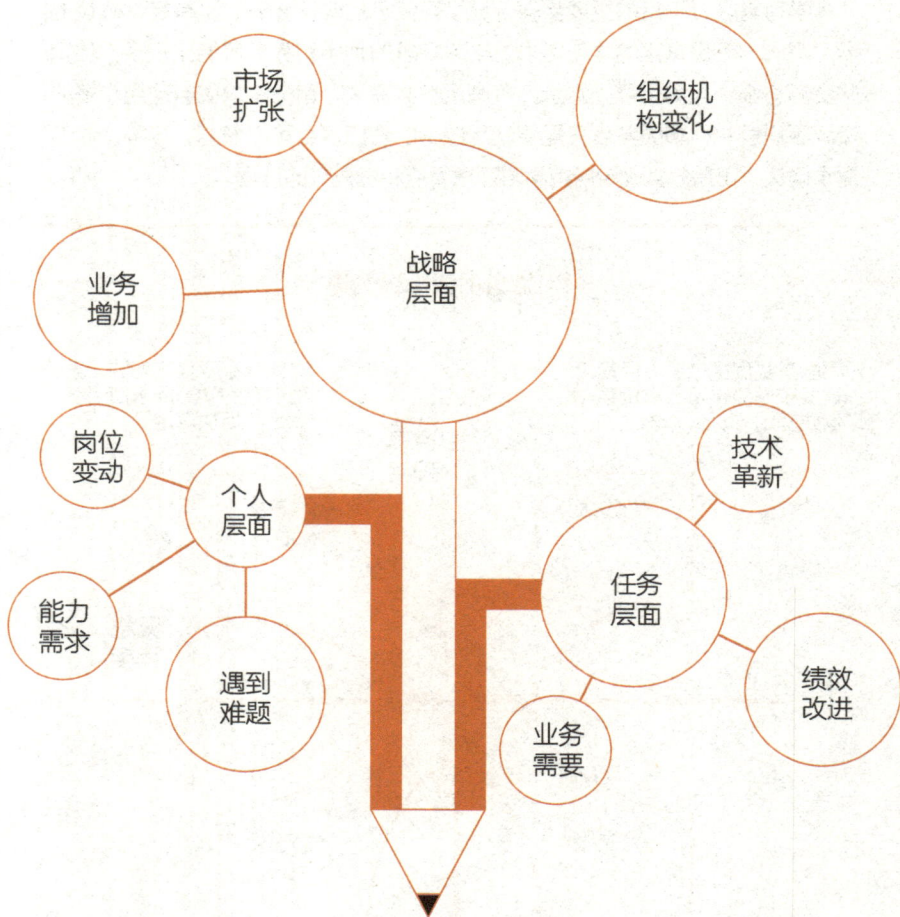

市场扩张

组织机构变化

业务增加

战略层面

岗位变动

个人层面

技术革新

能力需求

任务层面

遇到难题

绩效改进

业务需要

小贴士

　　以上 9 种临时状况出现时，都伴随着相应的学习需求。团队管理者在日常工作中应注意这 9 种情况，一旦出现，应及时查找和评估团队内是否存在待满足的学习需求。

5.2　培养方式设计

　　老员工培养要基于正确的方式，与新员工的培养方式类似，老员工的培养方式也可以多种多样。要让老员工培养达到较好效果，团队管理者应根据当前团队老员工的特点，为老员工设计丰富多彩的培养方式。

5.2.1　如何制定培养目标

🔒 **问题场景**

1 有一次我发现老员工5S管理没做好，就带全体员工学习了5S管理，但学习后发现他们依然没做好，为什么没效果呢？

2 你有没有为这次学习培养制定目标呢？

3 有啊，我们的学习目标很明确，就是让员工学会5S管理啊。

4 这不是一个有效的目标，什么叫学会5S管理？如何定义？如何确定员工是否已学会？

5 这个……那我是不是应该加一个考试？

6 不仅是加考试的问题，你期望的结果是员工行为改变，就算正确定义了学会，员工的行为不改变也没有用。

问题拆解

　　很多时候，老员工学习培养不成功，正是因为团队管理者没有正确定义出老员工学习培养的目标。学习培养目标越具体、越具有可操作性，越有利于实现学习目标，反之，学习目标如果不能得到清晰准确的定义，学习培养很可能以失败告终。

方法与工具

工具介绍

学习目标的 SMART 原则

团队管理者在制定培训目标时，应遵循 SMART 原则，即具体的（specific）、可衡量的（measurable）、上下达成一致的（agreed）、切合实际的（realistic）、有时间限制的（time-bounce）。

SMART 原则在与目标相关的方法论中经常被提及，但许多人就算知道 SMART 原则的含义，在运用的时候依然很容易忘记，例如每天做一件实事、每月做一件好事、每年做一件大事都不算准确的目标，因为无法被衡量。

学习目标的 SMART 原则的典型错误应用

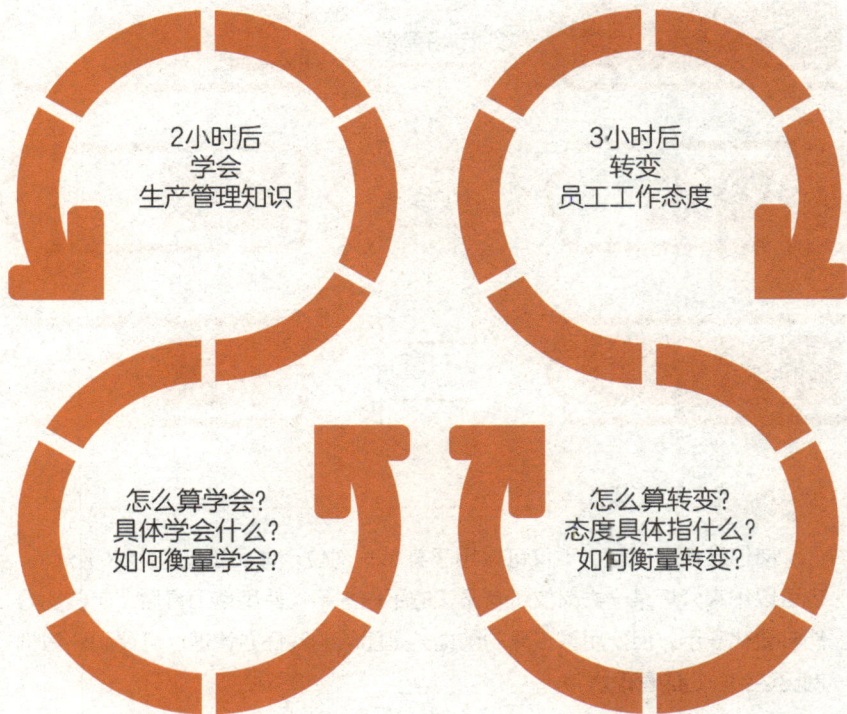

2小时后
学会
生产管理知识

3小时后
转变
员工工作态度

怎么算学会？
具体学会什么？
如何衡量学会？

怎么算转变？
态度具体指什么？
如何衡量转变？

应用解析

案例：某公司客户经理岗位能力现况和要求差异

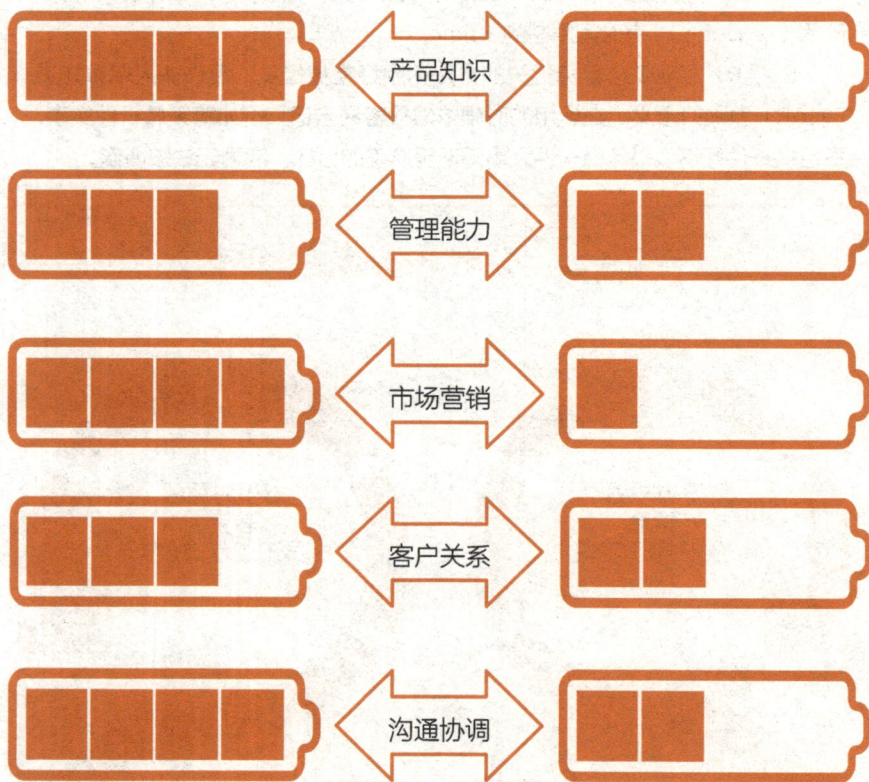

岗位要求		当前状况
	产品知识	
	管理能力	
	市场营销	
	客户关系	
	沟通协调	

小贴士

　　岗位胜任力模型，不仅可以用于某单一岗位个体员工的能力水平分析，也可以用来分析某一类岗位所有员工的平均水平。使用该工具后，岗位能力能够量化表示。但使用该工具的前提，是团队的胜任力管理、测评和评估机制已达到一定的管理水平。

5.2.2 如何设计培养方式

问题场景

1 除了导师制之外，老员工的培养方法主要就是集中培训吧？

2 导师制主要解决老员工的个性问题，集中培训解决老员工的共性问题。

3 说起来，现在团队老员工的共性问题挺多，看来我得集中做几次老员工的上课学习了。

4 集中培训形式不是只有上课学习这一种，要保证培养效果，在学习方式上可以更丰富一些。

5 集中培训还有其他形式吗？

6 比如角色扮演、拓展训练、头脑风暴等，都是培养老员工的有效方式。

问题拆解

有的团队的人才培养达不到预期效果，是因为培养方法和学习形式过于单一。最常见的问题是很多团队不论要满足什么样的学习需求，学习形式只有一种，就是上大课，而且上课形式很像开会。不重视培养方法，培养效果就没有保障。

方法与工具

工具介绍

多种学习方式

　　团队中的学习不应仅局限于集中课堂教授，除了导师制之外，还有多种多样的人才培养形式可以选择。不同的学习形式不仅丰富多彩、富有趣味性，而且多种学习形式的组合还能提升人才培养效果。根据人才培养的目的不同，可以采取不同的学习形式。

常见 9 种学习形式

直接讲授

团队协作

头脑风暴

拓展训练

模拟演示

角色扮演

导师帮带

网络教育

员工自学

应用解析

不同学习目标选择不同学习形式的优先顺序

学习目标	优先级 ★★★★★	优先级 ★★★★	优先级 ★★★
让员工接受知识	头脑风暴	角色扮演	直接讲授
让员工改变态度	团队协作	导师帮带	拓展训练
帮员工解决问题	导师帮带	模拟演示	角色扮演
改善员工人际关系	团队协作	拓展训练	头脑风暴

小贴士

　　学习目标、学习形式和学习效果之间存在某种对应关系，以上优先级顺序来自作者经验，具有一定的通用性。团队管理者可以参考以上原理，根据实际情况，总结出适合自己团队的学习形式优先级。

5.2.3 如何进行培养评估

🔒 **问题场景**

1 听完前面这些，我终于知道为什么之前团队的老员工培养总做不好了。

2 其实当人才培养出问题时，通过评估也能有所改善。

4 人才培养的评估就是对人才培养情况的评价，在这个过程中发现问题，进行改进，从而提高人才培养的效率。

3 评估？什么评估？

5 明白了，评估真的很重要，其实不仅在人才培养问题上，在其他问题上也是一样。之前我们只是一味做事，没有想过要评估。

6 评估就是复盘，没有评估就没有改进，一边做事，一边评估，会让做事效率越来越高。

问题拆解

　　评估有助于人才培养工作越来越高效。对老员工学习培养的评估主要分成两部分，一部分是在学习培养开始之前的评估，另一部分是在学习培养结束后的评估。

方法与工具

工具介绍

人才培养的评估

有评估才有改进，人才培养在开始前和结束后都要实施评估。

开始前的评估是为了"防患于未然"。如果人才培养开始前不做评估，等到培养结束，团队管理者往往会发现很多可以提前避免的错误变得没法挽回，严重的可能会造成团队花费大量人力、物力、时间却达不到预期效果。

结束后的评估是对人才培养方式的实施效果进行评估，可以运用国际著名学者威斯康辛大学（Wisconsin University）教授唐纳德·L.柯克帕特里克（Donald L.Kirkpatrick）于1959年提出的柯氏四级培训评估模型（Kirkpatrick model），这也是目前世界上应用最广泛的培训评估工具。

人才培养前评估的 2 个事项

目标与期望

硬件与软件

要评估人才培养是否已确定目标，目标是否有效，目标是否现实，人才期望从培养中获得什么，人才的期望是否现实，人才为什么会有这方面的期望，对待人才的期望，团队管理者应该怎么办，人才培养内容和目标是否匹配。

要评估实施与培养相关的硬件和软件等保障是否到位，是否存在硬件和软件无法支撑人才培养正常运行的可能性，是否需要提前做好备选方案，人才培养的费用是否有减少的可能性，人才培养费用和效果是否存在较强关联性。

应用解析

人才培养后评估的 4 个维度

评估员工对人才培养过程的满意度，看员工是否满意。

评估员工对人才培养传递知识的掌握程度，可以通过笔试、口试、实际操作等形式来了解。

反应层评估

学习层评估

结果层评估

行为层评估

评估员工绩效是否得到改善，是否达到团队的目标。

评估员工的行为是否改变，是否改变了员工习惯，看员工的直属上级是否满意。

小贴士

考虑到管理成本和需求的个性化，并非每次人才培养后都要完整实施以上 4 个维度的评估。团队管理者可以根据人才培养的目标与期望，设计出适合的评估方式。

5.3 关键岗位人才培养

　　团队中关键岗位人才的能力水平直接影响着团队的绩效水平。要保证团队拥有高绩效，应当做好对关键岗位人才的培养。对于不同的关键岗位，可以根据岗位能力要求，实施能力上查漏补缺式的培养。

5.3.1　如何培养营销推广类岗位人才

问题场景

1

营销队伍是团队中最需要解决人才培养问题的，近期业绩一直做得不好。

2

营销推广类岗位人才的能力确实直接影响着团队的绩效水平。这类岗位人才能力如果不达标，其他岗位人才能力再强也没有用。

3

怎么培养营销队伍呢？

4

可以用培养老员工的方法，先定义出营销队伍的能力要求，根据能力要求设计营销队伍的人才培养方法。

5

主要应培养哪些内容呢？

6

一般常见培养方向有三大类，分别是产品知识、营销技巧和心态调整。

问题拆解

　　营销推广类岗位人才的个人能力决定了团队的业绩，是团队利润的创造者。营销推广类岗位人才的主要工作内容是发掘客户需求，把握客户心理，通过满足客户需求进行产品推广及销售工作。

方法与工具

工具介绍

营销推广类岗位人才培养

营销推广类岗位人才培养，可以在岗位职责和优秀营销推广人员胜任行为特征基础上构建岗位胜任力模型，分析营销推广人员现有能力与岗位胜任能力之间的差距，根据差距确定营销推广人员的人才培养内容。

营销推广类岗位人才 4 大通用能力

能够关注市场信息变化，关注产业发展；能够在市场信息中寻求商机，洞察机会；根据市场信息展现出的特质采取行动。

1 市场导向

能够充分掌握市场信息；分析市场变化趋势，找到产品和运营的问题点；分析顾客期望与需求，提出产品设计改进建议。

2 信息获取分析

能够根据市场情况设计价格体系；设计出产品价格变化审批权限和流程；能够有效管控产品价格。

3 价格管理

能够根据市场情况制订营销计划，设计不同产品的营销方案；能够保证营销策划方案持续落实。

4 营销管理

营销推广类岗位人才培养最常用的 3 种学习形式

导师帮带

模拟演示

直接讲授

应用解析

案例：某公司销售类岗位课程设置

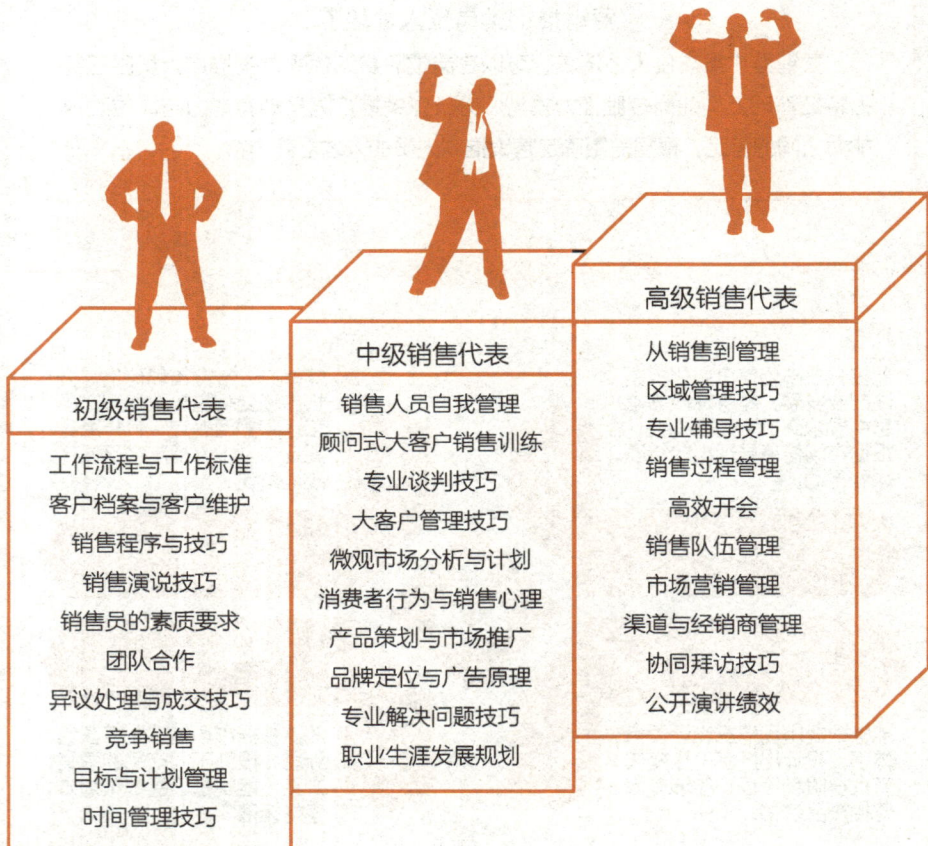

高级销售代表

从销售到管理
区域管理技巧
专业辅导技巧
销售过程管理
高效开会
销售队伍管理
市场营销管理
渠道与经销商管理
协同拜访技巧
公开演讲绩效

中级销售代表

销售人员自我管理
顾问式大客户销售训练
专业谈判技巧
大客户管理技巧
微观市场分析与计划
消费者行为与销售心理
产品策划与市场推广
品牌定位与广告原理
专业解决问题技巧
职业生涯发展规划

初级销售代表

工作流程与工作标准
客户档案与客户维护
销售程序与技巧
销售演说技巧
销售员的素质要求
团队合作
异议处理与成交技巧
竞争销售
目标与计划管理
时间管理技巧

小贴士

处在不同层级的销售人员应学习的内容不尽相同。初级销售应重点学习销售技巧，首先要有能力将产品卖出去；中级销售应重点学习大客户销售技巧，要有能力促成大单；高级销售应重点学习管理技巧，要让销售有序、持续进行，要能带队伍，能培养出更多优秀的销售人员。

5.3.2 如何培养产品研发类岗位人才

问题场景

1 我们产品创新度不够，在市场上的竞争力不足。这个问题我已经向产品研发部门提过多次。

2 经营管理上的要求固然重要，产品研发类岗位人才的创新能力也很重要。

3 你的意思是，产品研发类岗位人才的能力不足造成了我们产品的创新度不够？

4 这很可能是原因之一，毕竟工作能不能达到要求，能力有没有达标，也是要考虑的重要维度。

5 那要怎么培养产品研发类岗位人才呢？

6 如果问题出在产品创新方面，可以尝试着重培养研发人员的创新能力。

问题拆解

产品研发类岗位人才是团队技术创新的源泉和产品发展的动力。对这类岗位人才的培养可以把重点放在培养其创新能力上。启发式、研讨式、思维拓展式的培养方式有助于培养创新能力。

🔑 方法与工具

工具介绍

产品研发类岗位人才培养

　　产品研发类岗位人才的主要职责是研发新技术、开发新产品。技术人员的技术水平决定了技术人员的技术创新及产品开发能力，从而影响团队在市场上的技术和产品的竞争力。培养产品研发类岗位人才实际上就是在培养团队的市场竞争力。

产品研发类岗位人才 4 大通用能力

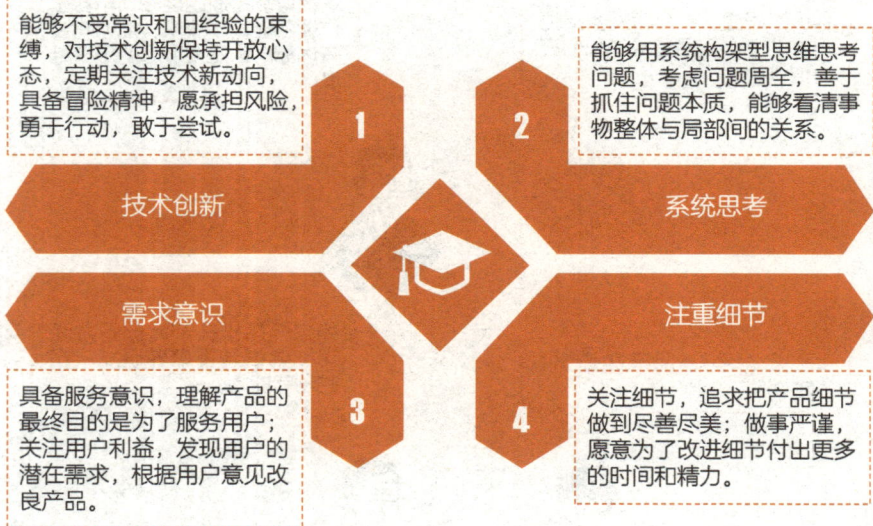

能够不受常识和旧经验的束缚，对技术创新保持开放心态，定期关注技术新动向，具备冒险精神，愿承担风险，勇于行动，敢于尝试。

1 技术创新

能够用系统构架型思维思考问题，考虑问题周全，善于抓住问题本质，能够看清事物整体与局部间的关系。

2 系统思考

具备服务意识，理解产品的最终目的是为了服务用户；关注用户利益，发现用户的潜在需求，根据用户意见改良产品。

3 需求意识

关注细节，追求把产品细节做到尽善尽美；做事严谨，愿意为了改进细节付出更多的时间和精力。

4 注重细节

产品研发类岗位人才培养最常用的 3 种学习形式

头脑风暴

团队协作

直接讲授

应用解析

案例：某产品技术岗位课程设置

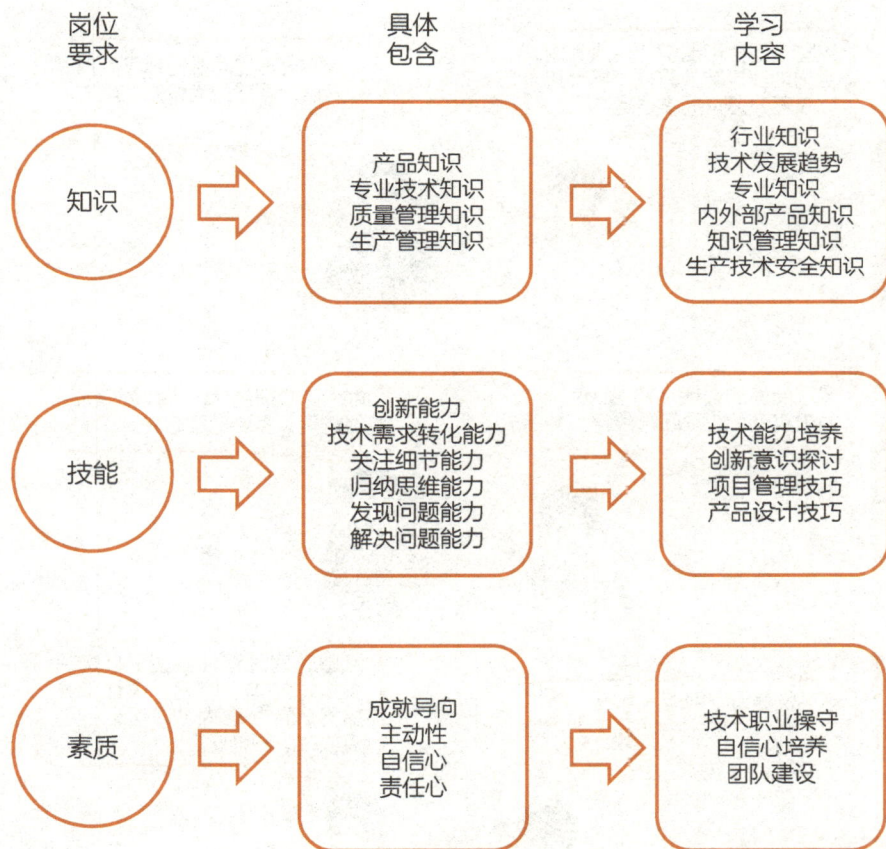

岗位 要求	具体 包含	学习 内容
知识	产品知识 专业技术知识 质量管理知识 生产管理知识	行业知识 技术发展趋势 专业知识 内外部产品知识 知识管理知识 生产技术安全知识
技能	创新能力 技术需求转化能力 关注细节能力 归纳思维能力 发现问题能力 解决问题能力	技术能力培养 创新意识探讨 项目管理技巧 产品设计技巧
素质	成就导向 主动性 自信心 责任心	技术职业操守 自信心培养 团队建设

小贴士

产品研发类岗位人才的学习成果评估可以用运用 CIPP 评估模型，该模型是由美国学者斯塔弗尔比姆（StufflebeamD.L.）于 1967 年在对泰勒行为目标模式反思的基础上提出的。 CIPP 评估模型包括 4 部分，分别是背景评估（context evaluation）、输入评估（input evaluation）、过程评估（process evaluation）、成果评估（product evaluation）。

5.3.3 如何培养运营管理类岗位人才

问题场景

1 运营也是我们当前的一大问题。目前内部运转效率低，标准化比较差，运营成本居高不下。

2 运营管理的问题同样可能是因为运营管理类岗位人才能力的问题。

3 经过前面的谈话，我也认为能力确实有可能是问题根源。

4 能力比较强的优秀运营管理人才很难得，需要刻意培养。

5 怎么培养运营管理人才呢？

6 运营管理过程控制主要目标是质量、成本、时间、柔性等，培养运营管理人才时可以把重点放在这些维度上。

问题拆解

　　运营管理人才在团队经营管理中有重要作用。运营管理岗位人才的运营管理能力决定了团队的运转能力，影响着团队的运营效率。通过培养运营管理岗位人才的运营管理能力，可以达到提升团队运营效率的目的。

方法与工具

工具介绍

运营管理类岗位人才培养

　　运营管理岗位人才的主要工作内容是对团队运营过程进行计划、组织、实施和控制。运营管理岗位人才应当有能力策划推进公司的业务运营战略、流程与计划；有能力组织协调公司各部门执行、实现公司的运营目标；有能力处理日常经营行为及业务、财务等运营流程相互衔接、执行、协调和监督等。

运营管理类岗位人才4大通用能力

能够站在团队利益角度思考问题，一切决策以大局为重；能够看清局势，通盘考虑问题，并能与别人合作共同解决问题。

1　全局意识

能够制定团队营运标准与流程规范；能够根据经营情况制订实施运营计划，并能随时监督和评估运营计划。

2　运营管理

能够根据战略，建立适合团队的运营组织架构与管理体系；能够推进、监督、控制、不断完善运营管理体系。

3　体系搭建

能够根据经营业绩，提出运营工作调整和修改意见；能够支持业务部门的工作，保证业绩目标达成。

4　业绩支持

运营管理类岗位人才培养最常用的3种学习形式

角色扮演

团队协作

头脑风暴

应用解析

案例：某运营管理岗位课程设置

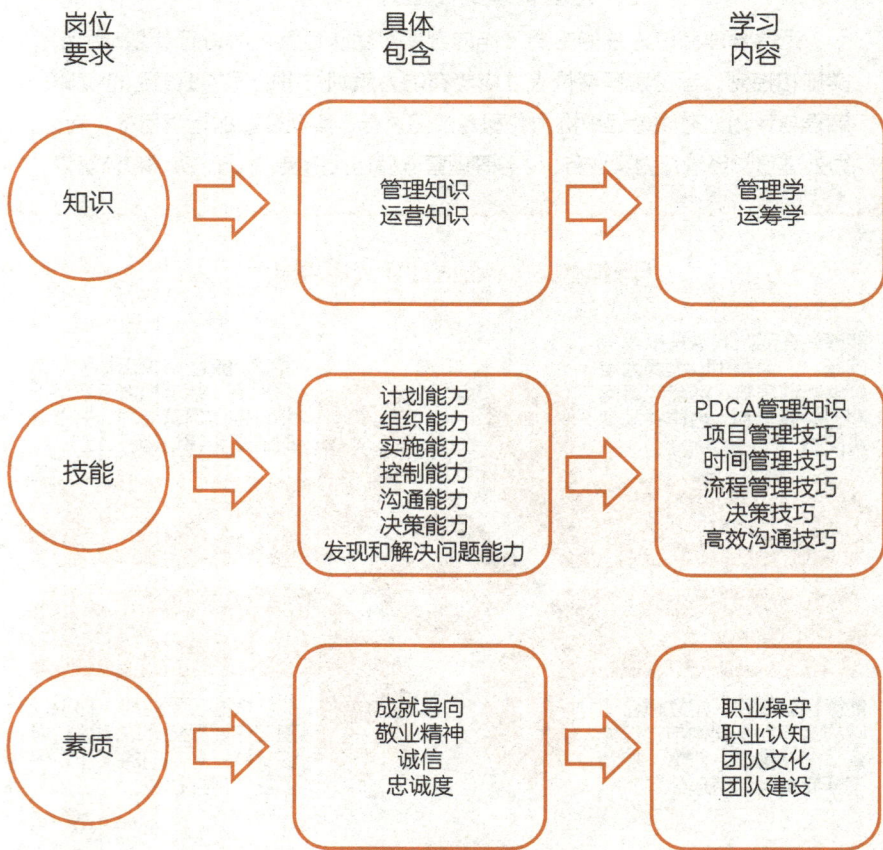

岗位要求		具体包含		学习内容

知识 → 管理知识
运营知识 → 管理学
运筹学

技能 → 计划能力
组织能力
实施能力
控制能力
沟通能力
决策能力
发现和解决问题能力 → PDCA管理知识
项目管理技巧
时间管理技巧
流程管理技巧
决策技巧
高效沟通技巧

素质 → 成就导向
敬业精神
诚信
忠诚度 → 职业操守
职业认知
团队文化
团队建设

小贴士

培养运营管理类岗位人才时，需要注意培养运营管理人员的系统运营管理思维，可以基于PDCA的管理工具设置学习内容。PDCA的管理工具分别是：P（plan）计划、D（do）执行、C（check）检查、A（action）处理。PDCA管理的每个环节分别对应着不同的能力需求。

5.3.4 如何培养生产管理类岗位人才

🔒 问题场景

1 产品生产环节频繁出问题应该也和生产管理岗位人才的能力相关吧?

2 是的,员工做不好工作有3种可能性,一种是不愿,一种是不会,还有一种是不能。

3 所以员工能力问题占1/3的可能性。

4 当解决了员工不愿和员工不能的问题后,员工还是做不到,大概率就是员工不会了,也就是员工不具备这方面的能力。

5 怎么培养生产管理类岗位人才呢?

6 根据经验,对生产管理岗位人才比较有效的培养方法是导师制中的个别指导、行为示范和工作轮换。

问题拆解

　　生产管理类岗位人才的主要工作内容是保障生产活动顺利实施,是产品交付的基石。生产管理类岗位人才对生产技能的掌握程度,对生产设备操作的熟练程度决定了生产管理类岗位人才的工作效率,从而影响团队的生产进度及效率。

方法与工具

工具介绍

生产管理类岗位人才培养

成熟的生产管理类岗位人才要能够组织实施生产经营计划；保质保量地完成生产任务，确保安全文明生产；督导日常生产活动；发现问题采取有效措施，确保生产线正常运转；协助团队项目开发、研制产品；建立健全规范的质量管理体系等。

生产管理类岗位人才 4 大通用能力

能够根据团队需求和资源情况编制生产计划；有效调动各方资源，克服各种阻碍计划执行的困难，保证计划稳步实施。

1 计划推行

能够以降低成本、提高效率为财务目标；计算投入产出效率，规划出最优的生产计划安排，发现生产环节的浪费，改进工艺。

2 成本控制

3 统筹管理

能够统筹各相关部门与岗位的关系，统筹生产计划的数量、质量、成本、效率之间的关系，及时发现问题，及时改善。

4 现场管理

能够建立生产现场管理制度，懂得精益生产基本要求，制定考核制度，培养员工意识，实施现场严格管理。

生产管理类岗位人才培养最常用的 3 种学习形式

导师帮带

角色扮演

模拟演示

应用解析

案例：某生产管理岗位课程设置

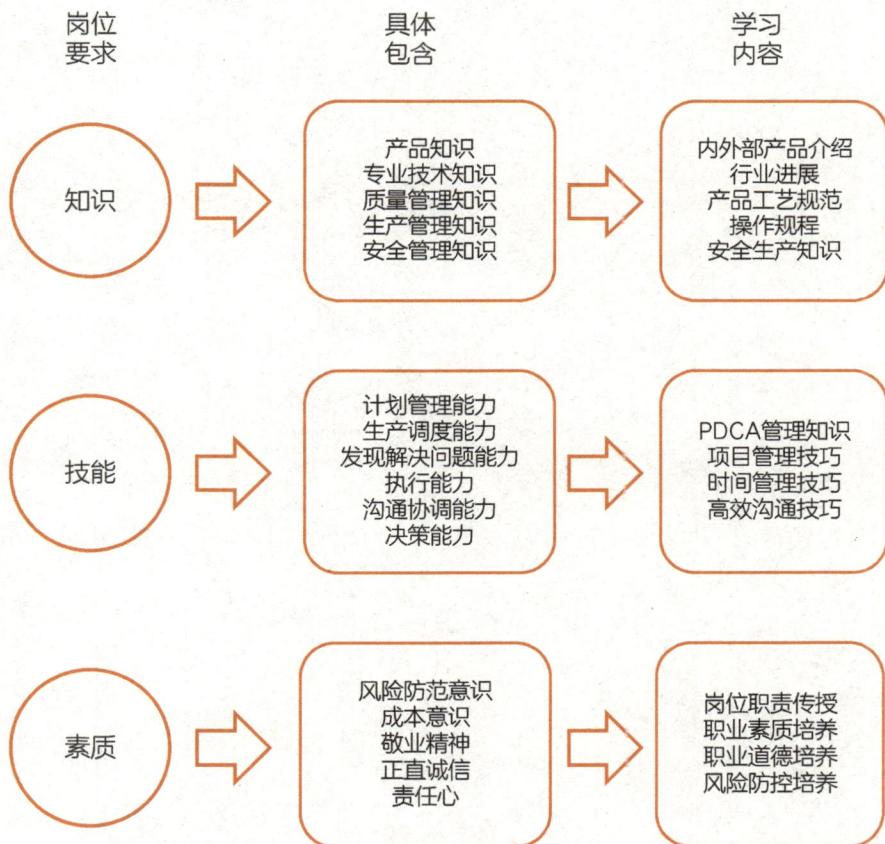

岗位要求		具体包含		学习内容

知识 → 产品知识
专业技术知识
质量管理知识
生产管理知识
安全管理知识 → 内外部产品介绍
行业进展
产品工艺规范
操作规程
安全生产知识

技能 → 计划管理能力
生产调度能力
发现解决问题能力
执行能力
沟通协调能力
决策能力 → PDCA管理知识
项目管理技巧
时间管理技巧
高效沟通技巧

素质 → 风险防范意识
成本意识
敬业精神
正直诚信
责任心 → 岗位职责传授
职业素质培养
职业道德培养
风险防控培养

小贴士

生产管理要常抓不懈，日常工作中可以每天实施岗前知识传授，导师制培养模式特别适合这类岗位，可以利用生产淡季实施集中培训。因为涉及安全管理问题，要特别注意这类岗位的岗前培训和安全意识宣导。

06

干部培养

💎 本章背景

1
现在团队青黄不接的问题还体现在后备干部上，我常在准备拓展新业务时，发现无人可用。

2
这说明需要重视和实施后备干部培养。

3
怎么做呢？

4
干部可以按照基层管理者、中层管理者和高层管理者的分类予以培养。

5
管理者就是管理者，基层、中层和高层有什么不同吗？

6
当然不同，基层更关注行为，高层更关注价值；基层更关注短期，高层更关注长期；基层更关注局部，高层更关注整体。

🔶 小贴士

　　干部的能力决定了团队能走多远，能走多久。培养干部要先选拔适合做干部的人选，根据定义出的干部能力有针对性地实施干部培养。在团队中，高层、中层和基层的能力定位和要求是不同的。

　　适度授权是培养后备干部的好方法，能让后备干部真正体会管理工作，增强责任意识。

6.1　干部培养方法

　　干部是团队最宝贵的财富。干部在团队中行使管理职能，指挥并协调他人完成团队任务，干部的能力大小、工作绩效好坏直接影响着团队的兴衰成败。因此，如何培养干部是团队人才培养的重要组成部分。

6.1.1 如何识别干部人选

问题场景

1 干部应该怎么培养呢?

2 培养干部的第一步是识别出适合培养成干部的高潜力人选。

3 我知道了，就是找到能力强、绩效高的优秀员工吧?

4 不全对，干部人选品格是第一位的。每个团队对干部潜质的要求不同，但一般都比较注重道德和思想品质。

5 为什么要重视这些方面?

6 因为知识、能力和经验都可以通过培养获得，但成年人的品格基本定性，很难通过后天培养发生改变。

问题拆解

很多人认为只要是优秀员工就适合成为干部的接班人，实际上这种理解不完全正确。在大多数成功的团队，品格是拔干部人选的首要考虑因素。因为成年人的品格可以被引导，却很难被改变。

方法与工具

工具介绍

干部选拔首要标准

适合做干部的员工品格必须是优秀的，除品格外，还应当拥有团队需要的各类潜质。发现和识别出员工的品格和潜质，有助于团队快速聚焦干部人选范围。

干部常见 5 大分类

针对财务管理、预算管理、税务筹划、投资融资、会计核算、经营分析、财务审计等岗位。

针对高管、人力资源管理、行政管理、采购管理等通用管理类岗位。

针对市场营销、业务拓展、客户开发、市场策划、贸易合作等营销类岗位。

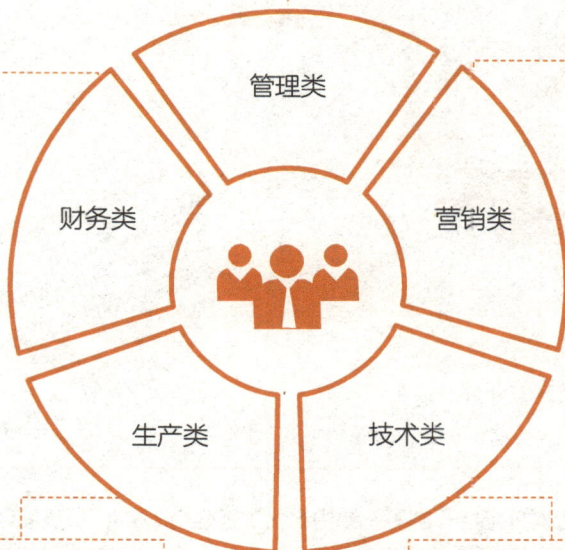

管理类

财务类

营销类

生产类

技术类

针对生产制造、质量检测、品质管理、设备管理、安全管理等岗位。

针对技术研发、产品设计、技术创新、工艺设计、工艺改进等技术类岗位。

应用解析

举例：阿里巴巴选拔干部的 3 大要求

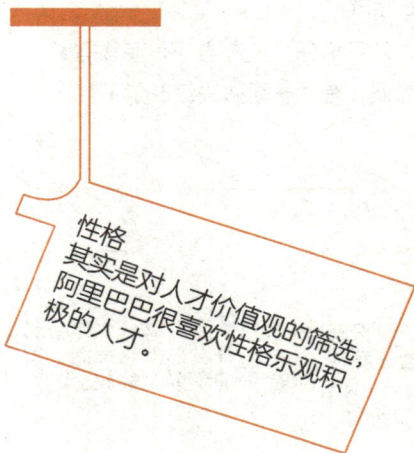

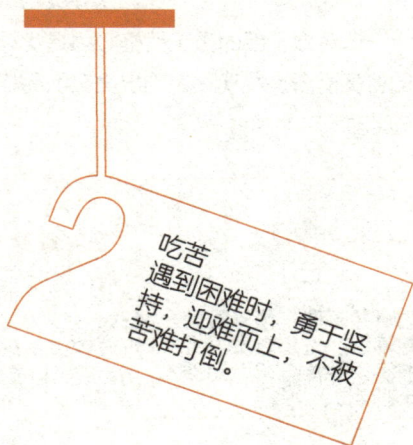

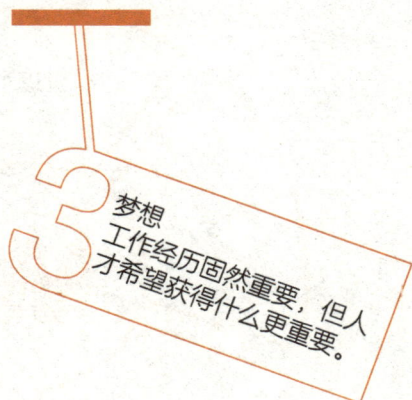

1

性格
其实是对人才价值观的筛选，阿里巴巴很喜欢性格乐观积极的人才。

2

吃苦
遇到困难时，勇于坚持，迎难而上，不被苦难打倒。

3

梦想
工作经历固然重要，但人才希望获得什么更重要。

小贴士

阿里巴巴对外招聘干部时，会由老员工担任"闻味官"负责面试把关。"闻味官"专门负责"闻味道"，判断候选人和阿里巴巴是否"味道相同"。每个公司都有自己的"味道"，阿里巴巴希望闻味官"闻候选人的味道"，确保候选人与阿里巴巴的追求和价值观一致。

6.1.2　如何定义干部能力

问题场景

1　有了后备干部人选后，对后备干部的培养也要对标干部的能力要求吧？

2　没错，这一点和培养老员工的逻辑是相同的，都要围绕能力要求实施培养。

3　干部在能力上都需要什么呢？

4　对基层管理者、中层管理者和高层管理者在能力上的要求是不同的，应根据管理层级和团队具体情况来设计能力要求。

5　有没有比较通用的能力要求可以参考呢？

6　确实有共性，主要应做好两个方面，一方面是管事，也就是管好业务；另一方面是管人，也就是带好团队。

问题拆解

　　干部的培养逻辑同样是先定义出干部的能力要求，根据干部的能力要求和后备人选的能力状况实施查漏补缺式的培养。

方法与工具

工具介绍

管理者的通用要求

阿里巴巴对干部的要求值得学习。在阿里巴巴有句土话，叫"团队Leader（负责人）要既当爹，又当妈；要上得厅堂，下得厨房"，"当爹"指的是要做好业务，"当妈"指的是要带好团队；"上得厅堂"指的是要关注长期利益，"下得厨房"指的是要抓住短期利益。

阿里巴巴对干部的通用要求

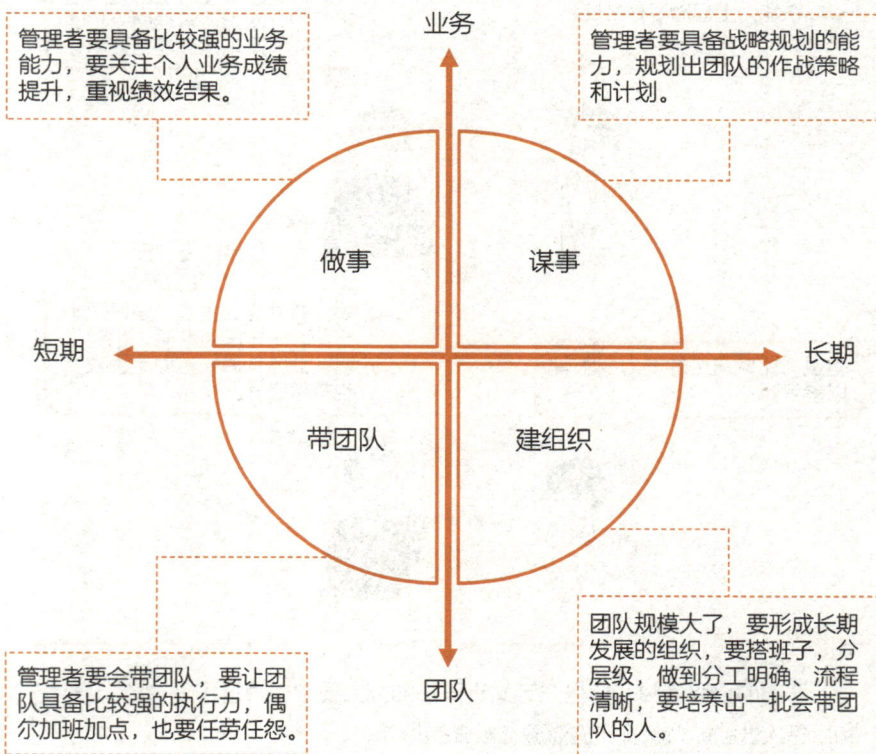

管理者要具备比较强的业务能力，要关注个人业务成绩提升，重视绩效结果。

管理者要具备战略规划的能力，规划出团队的作战策略和计划。

业务

| 做事 | 谋事 |

短期 —————— 长期

| 带团队 | 建组织 |

团队

管理者要会带团队，要让团队具备比较强的执行力，偶尔加班加点，也要任劳任怨。

团队规模大了，要形成长期发展的组织，要搭班子，分层级，做到分工明确、流程清晰，要培养出一批会带团队的人。

应用解析

阿里巴巴团队管理者必须做好 4 点工作

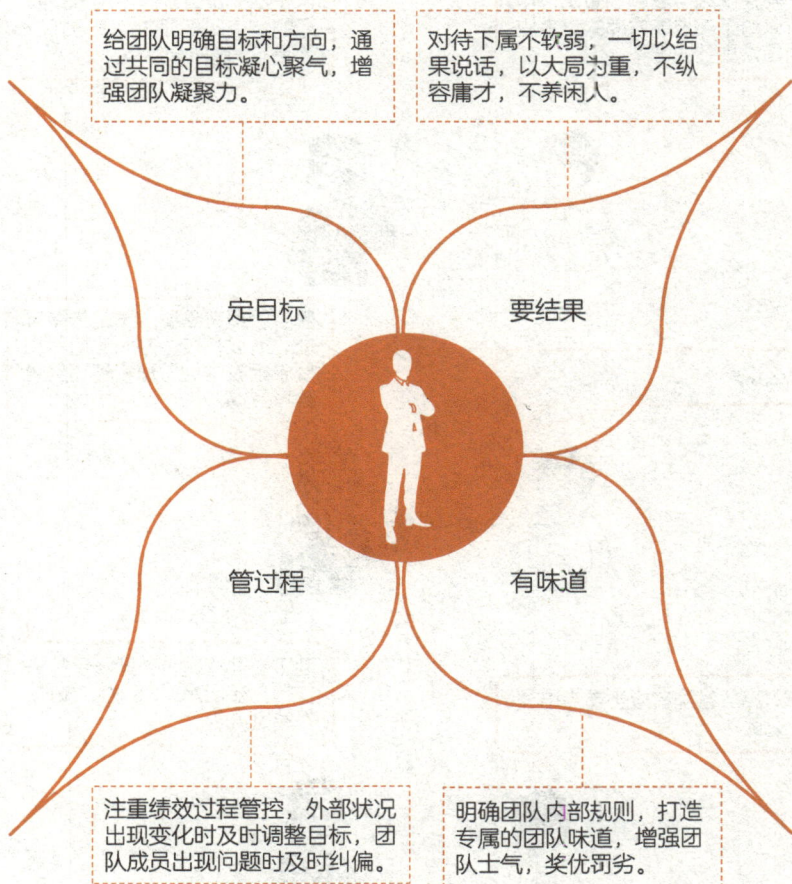

给团队明确目标和方向，通过共同的目标凝心聚气，增强团队凝聚力。

对待下属不软弱，一切以结果说话，以大局为重，不纵容庸才，不养闲人。

定目标

要结果

管过程

有味道

注重绩效过程管控，外部状况出现变化时及时调整目标，团队成员出现问题时及时纠偏。

明确团队内部规则，打造专属的团队味道，增强团队士气，奖优罚劣。

小贴士

当管理者能够做好业务、带好团队、关注长期利益、抓住短期利益时，整个团队就会呈现出上层管理者不断强调顶层目标，中基层管理者承接顶层目标设置承上启下的绩效指标，并不断调整变化，员工做好自己的目标并贯彻执行。

6.1.3　如何实施干部培养

问题场景

1 干部在团队中要起到表率作用，所以对干部技能方面的培养应当是最重要的吧？

2 这个不一定，针对不同管理层级的特点，干部的培养方式应当是不同的。

3 怎么说？

4 基层管理者需要向员工传授技能，所以在技能方面的培养和要求相较中层管理者和高层管理者更高。

5 那对高层管理者应当重点培养什么呢？

6 到了高层管理者，素质是第一位的，知识是第2位的，技能是第3位的。

问题拆解

　　不同层级管理者在团队中扮演着不同的角色，具有不同的工作目标，需要不同的管理能力。管理人员职位越高，对素质的要求越高，对业务技能的要求越低；反之职位越低，对业务技能要求越高，对素质要求相对较低。对管理岗位人才的培养应根据不同层级特点区别化对待。

方法与工具

工具介绍

人才培养的 3 大类内容

人才培养内容分成 3 类，分别是知识类、技能类和素质类。

知识类内容最容易获取，员工看一本书或听一次课就能获得。

技能类内容是知识的转化，需要一段时间的刻意积累和练习。

素质类内容是比较高层次的培养内容，旨在提升人才思想境界和整体素养。

不同层级培养内容的差异

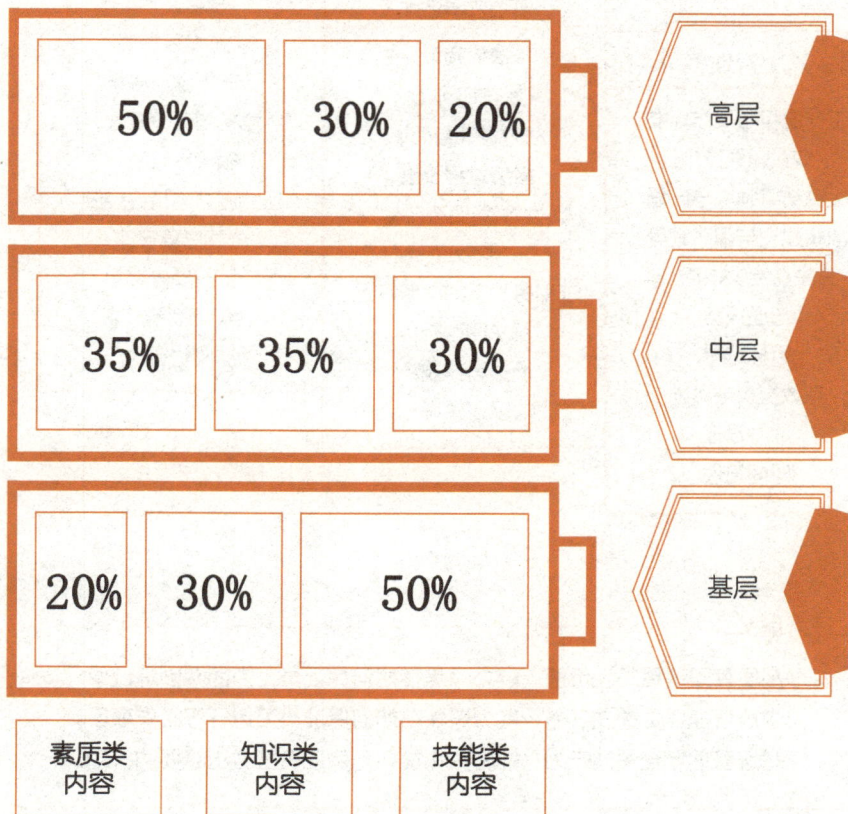

| 50% | 30% | 20% | 高层 |

| 35% | 35% | 30% | 中层 |

| 20% | 30% | 50% | 基层 |

| 素质类内容 | 知识类内容 | 技能类内容 |

应用解析

案例：某公司不同层级管理者课程设置

高层管理者

领导艺术
突破发展瓶颈
战略管理与决策
危机与公关管理
领导者行为
压力调节与情绪控制
公共形象管理
第五项修炼
六顶思考帽
与成功有约

中层管理者

情境领导
跨部门沟通
绩效管理与面谈
持续过程改进
非人力资源部门的人力资源管理
非财务人员的财务管理
解决问题技巧
商务写作技巧
项目管理

基层管理者

工作流程与工作标准
专业辅导技巧
关键结果领域与计划
团队建设与团队领导
主持会议技巧
沟通技巧
目标选材
有效授权与激励
冲突管理
时间管理

小贴士

高层管理者更关注价值，能力聚焦在如何保证员工为团队创造价值；
中层管理者更关注任务，能力聚焦在如何保证员工运行好工作项目；
基层管理者更关注行为，能力聚焦在如何保证员工做出想要的行动。

6.2　授权培养方法

干部要有担当，上任后要能够快速进入角色，快速适应管理岗位的工作需要。培养干部担当和适应管理岗位的最佳方法是通过工作授权。团队管理者实施工作授权后不能不管不顾，要定期检查和评估员工的工作过程和成果，员工的成长是第一位的。

6.2.1 如何通过授权培养干部

🔒 **问题场景**

1 我发现很多干部正式上任后要么没担当，要么上手慢。

2 这通常是因为干部人选上任后才真正开始接触相关工作，短时间内很难适应。

3 怎么解决这个问题呢？

4 可以在培养干部时多实施授权，要敢于放手，让后备干部人选越早接触岗位工作越好。

5 这样也挺好，不仅可以通过授权培养人才，而且可以减轻管理者的工作量。

6 要注意找到有助于培养后备干部人选能力的工作并实施授权。

问题拆解

　　授权是培养后备干部人选的有效方式。管理者通过寻找适合授权给后备人选的工作，及早实施授权，能够让后备干部人选较早接触管理工作，培养后备人选的能力。培养后备干部人选的授权不是管理者简单地把一些没价值的工作推给后备人选，而是要找到有助于培养人才的工作。

方法与工具

工具介绍

授权前工作评估

在做工作授权之前，需要做三方面的评估：

1. 评估手头目前都有哪些工作内容，以及这些工作占用的时间。

2. 评估这些工作内容如果授权给下属，是否能提高工作完成的价值或者让下属成长。

3. 当前适合被授权的工作，有哪些适合的下属人选可以被授权。

工作态度积极、能力比较强、有晋升潜力的下属适合被授权比较重要的工作，可以把这类下属作为接班人培养。对工作态度好，但能力差的下属，可以尝试授权部分工作，通过授权培养其能力。对工作态度差、能力强的下属同样可以尝试部分授权，通过授权增加其责任感和参与感。

什么样的下属适合被授权

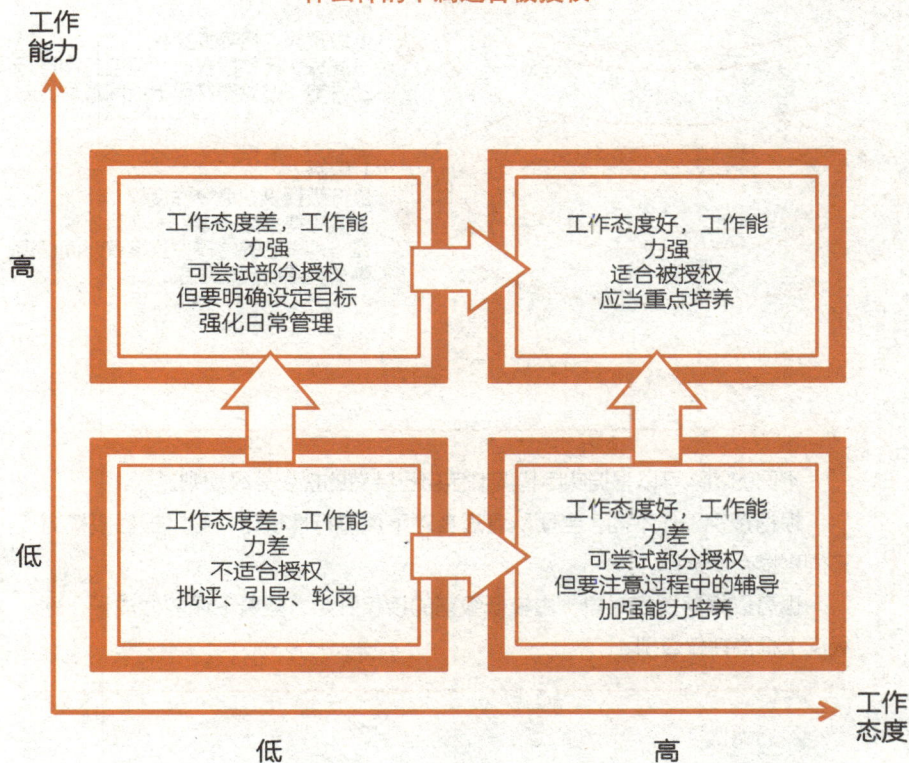

工作能力

工作态度差，工作能力强
可尝试部分授权
但要明确设定目标
强化日常管理

工作态度好，工作能力强
适合被授权
应当重点培养

工作态度差，工作能力差
不适合授权
批评、引导、轮岗

工作态度好，工作能力差
可尝试部分授权
但要注意过程中的辅导
加强能力培养

高

低

工作态度

低

高

应用解析

工作授权程度分级参考

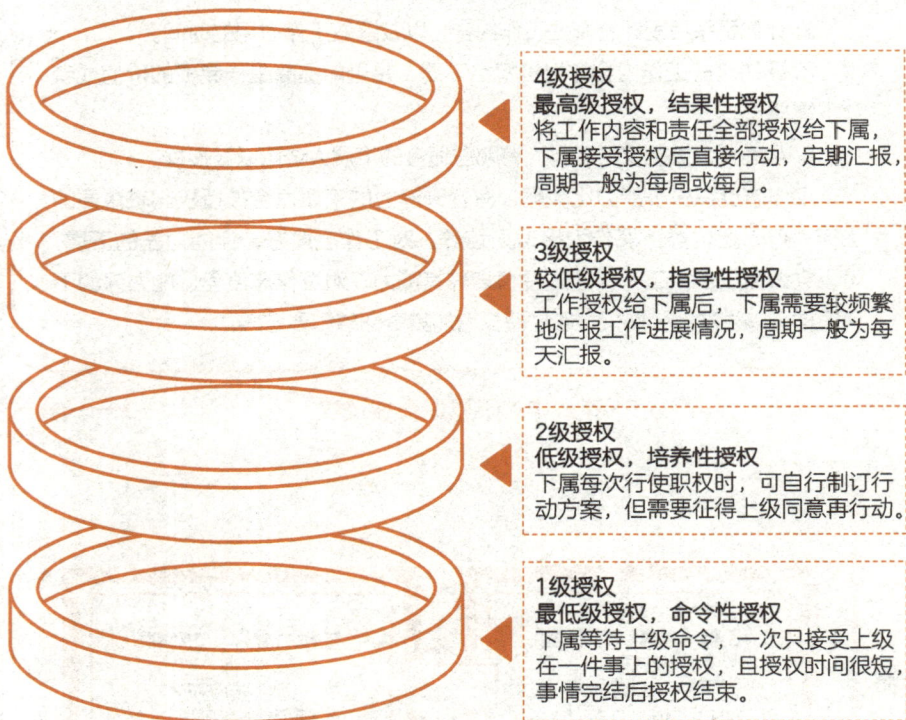

4级授权
最高级授权，结果性授权
将工作内容和责任全部授权给下属，
下属接受授权后直接行动，定期汇报，
周期一般为每周或每月。

3级授权
较低级授权，指导性授权
工作授权给下属后，下属需要较频繁
地汇报工作进展情况，周期一般为每
天汇报。

2级授权
低级授权，培养性授权
下属每次行使职权时，可自行制订行
动方案，但需要征得上级同意再行动。

1级授权
最低级授权，命令性授权
下属等待上级命令，一次只接受上级
在一件事上的授权，且授权时间很短，
事情完结后授权结束。

小贴士

不同的团队可以根据实际情况制定自己特有的授权等级规则。

根据授权工作不同，当团队管理者对下属进行授权时，可以根据授权的
不同程度有所选择。

也可以根据授权对象，由较低级别的授权开始，随着下属能力成长，逐
级向上提高授权级别。

6.2.2　如何实施授权过程管控

🔒 问题场景

1 关于授权我们确实做得不好，我回去以后一定要号召团队，鼓励团队管理者都要对后备干部实施授权。

2 可以鼓励，同时也要注意让大家做好授权过程管控，避免授权过程中出现问题。

3 过程管控？主要指的是什么呢？

4 例如对授权工作的监督和检查，定期查看和关注员工的工作方法。

5 也就是要保证员工把授权的工作做对是吧？

6 授权过程管控的关键不是让员工把所有事都做对，而是要让员工按照对的方式做事。

问题拆解

　　工作授权不是让团队管理者成为"甩手掌柜"。如果授权后不管不问，很可能会出问题。即使后备干部人选是自己最信任的员工，在工作授权之后也要实施必要的过程管控，并实施必要的检查。检查不代表管理者对员工不信任，反而是越检查，越信任。

方法与工具

工具介绍

授权工作的检查

工作授权不代表放手不管，管理者对授权给下属的工作的进度情况要做必要的过程管控。检查是一种较好的过程监控方式。检查可以定期，也可以不定期。

授权下去的工作难免会遇到一些关键决策点，检查授权工作时，可以把重点放在下属的决策思路上。没有谁能保证决策毫无瑕疵，但决策思路和决策过程能够看出下属会不会决策，下属有没有按正确的方式做事。

工作授权过程检查的 4 种情况

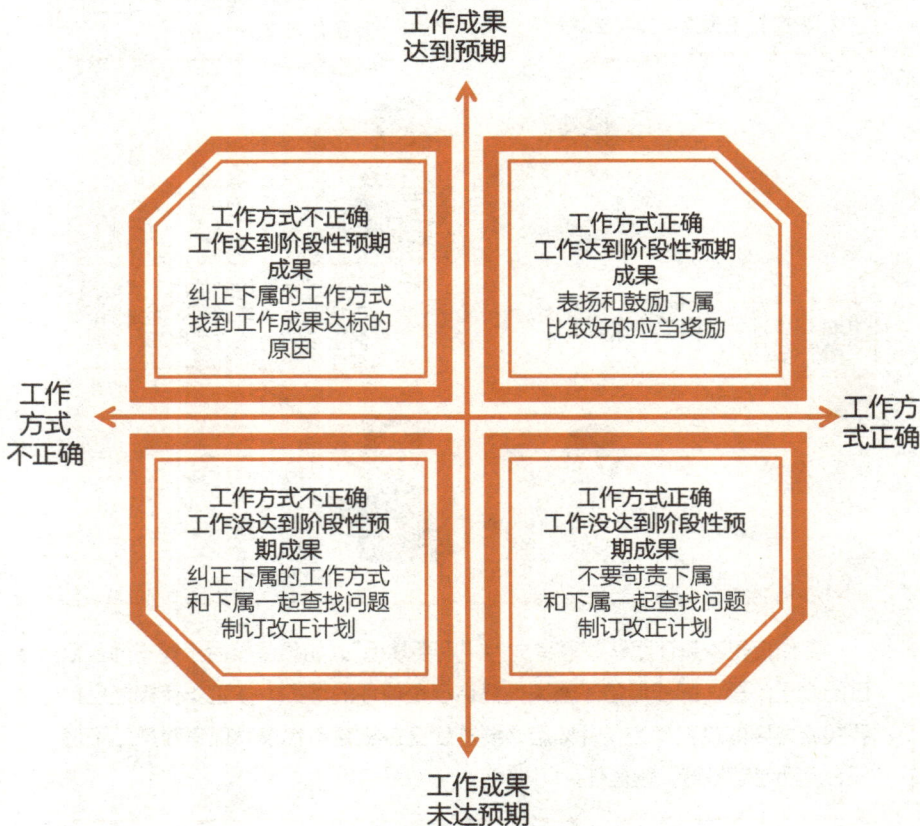

工作成果
达到预期

工作方式不正确 工作达到阶段性预期 成果 纠正下属的工作方式 找到工作成果达标的 原因	工作方式正确 工作达到阶段性预期 成果 表扬和鼓励下属 比较好的应当奖励
工作方式不正确 工作没达到阶段性预 期成果 纠正下属的工作方式 和下属一起查找问题 制订改正计划	工作方式正确 工作没达到阶段性预 期成果 不要苛责下属 和下属一起查找问题 制订改正计划

工作
方式
不正确 ← → 工作方
式正确

工作成果
未达预期

应用解析

授权工作质量评价维度

下属在工作过程中表现出来的态度、积极性、责任感等是否达到预期？

工作目标（阶段性目标）在数量、速度、质量和成本等方面有没有达到预期？

工作表现

工作目标

授权工作目标进度分析表

总目标1预期		总目标2预期		总目标3预期	
总目标1结果		总目标2结果		总目标3结果	
关键阶段性目标1.1预期		关键阶段性目标2.1预期		关键阶段性目标3.1预期	
关键阶段性目标1.1结果		关键阶段性目标2.1结果		关键阶段性目标3.1结果	
完成时间		完成时间		完成时间	
被授权人		被授权人		被授权人	
情况评估		情况评估		情况评估	
下一步对策		下一步对策		下一步对策	

小贴士

预期目标可以分成两种，一种是总目标，一种是关键阶段性目标。
关键阶段性目标是由总目标分解而来的，是完成总目标的关键节点。
一般在一个总目标下，会有多个关键阶段性目标。

6.2.3 如何评价授权培养效果

问题场景

1 我知道了，对授权工作过程管控的重点是审视和评价员工的工作。

2 评价是一方面，分析和改进更重要，有分析、有改进，才会有提高。

3 我之前授权做得也不好，总担心授权之后员工做不好工作，给团队造成损失。

4 团队管理者实施授权时应当有心理预期，应当给自己留有一定的空间，要允许员工犯错。

5 那我需要降低工作要求吗？

6 不需要降低客观评价要求，但可视情况在主观评价上予以调整。可以在工作标准上严格要求，但在评价态度上给予员工包容。

问题拆解

　　金无足赤，人无完人。如果总抱着 100% 追求完美的心态去要求和评价授权工作质量，最后可能没有一项工作是能够被授权的。这也是很多管理者不愿授权的原因。实际上，对下属来说，很多被授权工作是新的，刚开始做达不到管理者的要求很正常。

方法与工具

工具介绍

授权结果的客观评价和主观评价

客观评价指针对下属被授权工作结果的公允评价；主观评价指作为团队管理者对下属工作过程表现的主观评价。客观评价比较固定，不应随意改变；主观评价比较灵活，可以根据实际情况适度调整。

客观评价和主观评价应同时发挥作用，灵活运用。一味遵循和强调客观评价不一定准确；只遵循主观评价，不看客观评价，同样有问题。

例如，下属实际工作表现较差，就算结果好，客观上能得到比较高的评价，团队管理者仍然可以在主观上做出较低评价。同样，下属工作表现好，但结果差，团队管理者仍然可以在主观上做出较高评价，以示鼓励。

当下属的工作表现较好时
授权结果的客观评价和主观评价示意图

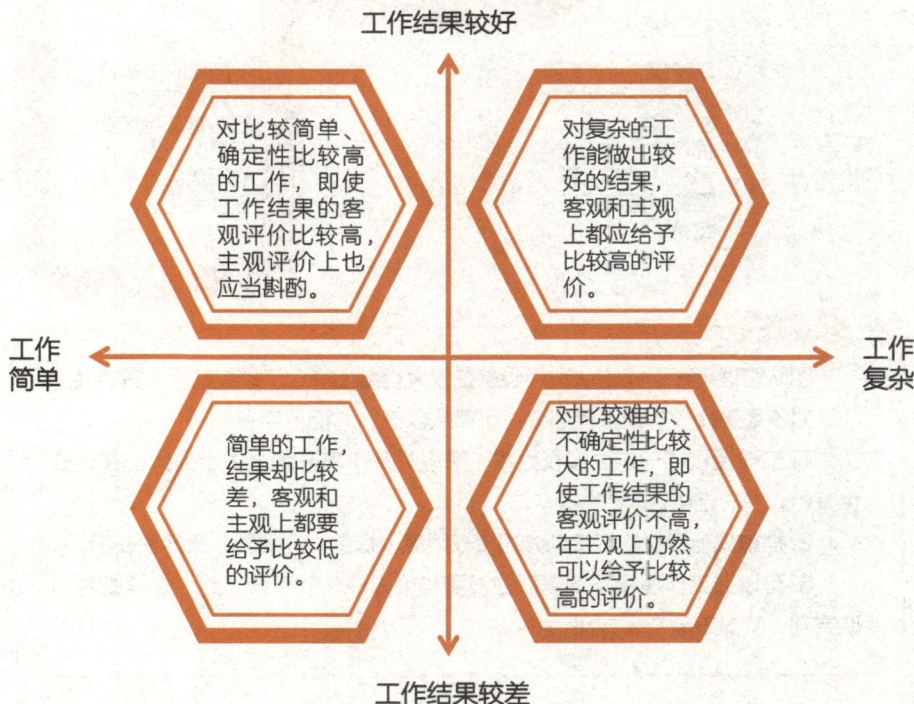

工作结果较好

对比较简单、确定性比较高的工作，即使工作结果的客观评价比较高，主观评价上也应当斟酌。

对复杂的工作能做出较好的结果，客观和主观上都应给予比较高的评价。

工作简单　　　　　　　　　　　　　　　工作复杂

简单的工作，结果却比较差，客观和主观上都要给予比较低的评价。

对比较难的、不确定性比较大的工作，即使工作结果的客观评价不高，在主观上仍然可以给予比较高的评价。

工作结果较差

应用解析

常见授权失败的 4 种类型

1.在过去工作授权中，下属有过失败的经验，造成了比较大的损失，给团队管理者留下心理阴影。团队管理者从心理上害怕这类情况再发生。

2.与下属在工作授权的责任归属上认知不同。团队管理者只想授权工作，但不愿意承担授权失败的责任，下属也不愿承担这种责任，从而导致冲突。

3.授权之后，团队管理者因为失去部分实际工作，而产生一种空虚感和失落感，甚至有时还有不安全感。

4.授权的工作具有一定的多变性，团队管理者怀疑下属的能力，担心下属应付不了这种变化。

小贴士

团队管理者对授权的认识和心态在很大程度上决定了授权能否发挥作用。

对不愿意授权的团队管理者，可以从以下 3 方面入手：

1. 工作授权不一定要授权大事，可以先从小事开始。由小到大，在尝试中开始，在总结中进步。

2. 提前规范授权的权责划分和授权限度，提前设计规则，丑话说在前。

3. 可以把工作授权与下属职业发展和个人成长联系在一起，这样既对团队有利，又对下属个人有利。

6.3　不同层级管理者培养方法

团队中不同层级的管理者有不同的定位，基层管理者更注重带领员工执行，中层管理者更注重承上启下，高层管理者更注重落实战略。培养不同层级的管理者，应当根据定位特点实施培养。

6.3.1 如何培养基层管理者

问题场景

1 相比于培养较高职位的管理者，培养基层管理者应该更容易吧?

2 并不是，基层管理者既要做温度计，发现团队人员的问题；又要做打气筒，鼓舞一线员工的士气。

3 如果每个基层管理者都能做到这样那就太好了，团队工作效率一定能大大提升。

4 能不能做到也要看我们有没有过要求。行动上，基层管理者一定要身先士卒，起到榜样和模范带头作用。

5 那我是不是应该尽量培养一些思想态度积极的人做基层管理者?

6 思想态度积极确实重要，但最好不要让外行担任基层管理者。基层管理者应是专家型角色，最好有能力指导一线员工工作。

问题拆解

　　基层管理者岗位要求同样很高，基层管理者培养起来并不轻松。基层管理者是团队战略的最终执行者，团队的战略通过高层、中层传达到基层，最后由基层管理者组织员工执行。要培养基层管理者带领基层员工有效执行的能力。

方法与工具

工具介绍

基层管理者培养

　　基层管理者是团队的基石，在团队中处于一线管理岗位，负责比较具体且实际的工作，既是一线执行者，又是管理者。因此需要基层管理者在工作中既要关注细节、效果问题，进行人员管理；又要身体力行、业绩突出，起到带头作用。对基层管理者的培养应当参照其岗位特点实施。培养基层管理者主要采取内部培养的方式。

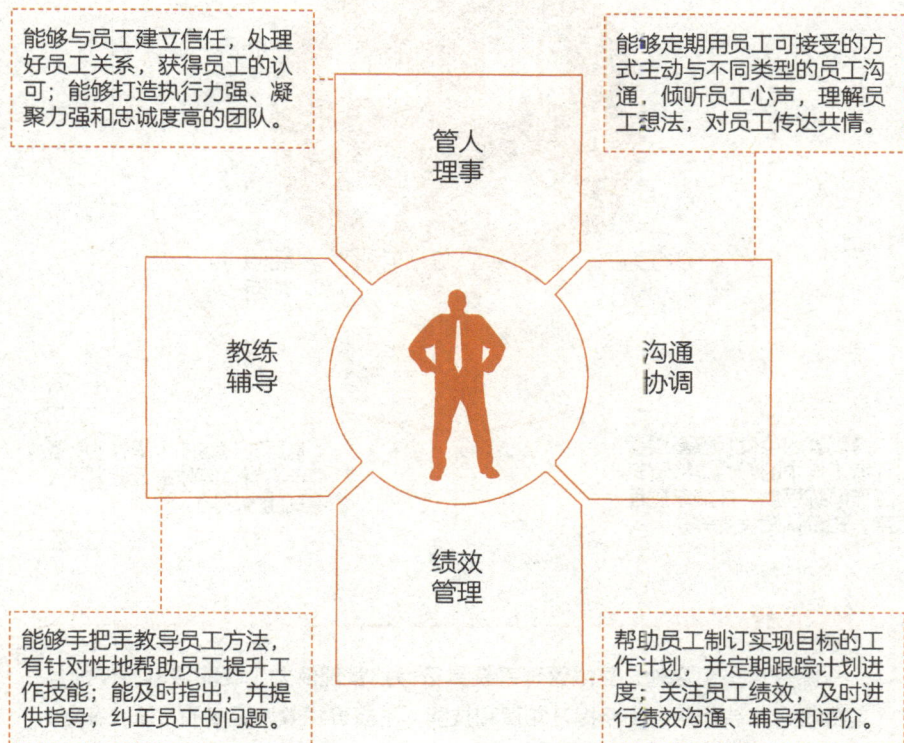

能够与员工建立信任，处理好员工关系，获得员工的认可；能够打造执行力强、凝聚力强和忠诚度高的团队。

能够定期用员工可接受的方式主动与不同类型的员工沟通，倾听员工心声，理解员工想法，对员工传达共情。

管人理事

教练辅导

沟通协调

绩效管理

能够手把手教导员工方法，有针对性地帮助员工提升工作技能；能及时指出，并提供指导，纠正员工的问题。

帮助员工制订实现目标的工作计划，并定期跟踪计划进度；关注员工绩效，及时进行绩效沟通、辅导和评价。

应用解析

获取基层管理者学习需求的 4 种方法

基层管理者的工作说明书、岗位任职资格、工作记录等资料可以分析其岗位胜任能力要求与其现状差距。

通过基层管理者的绩效结果能发现其弱项和能力差距，确定学习需求。

查阅资料

绩效结果

行为观察

经验判断

以旁观者的角度观察基层管理者工作中的行为，检查其工作熟练程度、技能掌握程度，知识认知程度等。

基层管理者的上级作为经验丰富者，能依靠经验判断出其能力缺陷。

小贴士

除管理员工之外，基层管理者要具备自我管理能力，要能够以身作则，起到模范带头作用，不断提升知识和技能，不断寻找效率更高的方法；在逆境下能够妥善控制自己的情绪，不抱怨，坚持传播正能量。

6.3.2　如何培养中层管理者

问题场景

1 我现在团队中的很多中层管理者岗位很尴尬，感觉可有可无。

2 实际上中层管理者是一个团队中最关键的角色，上承战略，下接执行，但如果定位不清确实比较容易成为"鸡肋"。

3 如何避免这种情况呢？

4 除了做好团队对中层管理者的定位外，在培养时就要注意这一点，让中层管理者的后备人选意识到自身定位和团队需求。

5 中层管理者的后备人选应当从技能水平优秀的基层管理者中寻找吧？

6 不能完全看技能水平，中层管理者需要有一定管理意识，人选最好从技能水平优秀、管理能力卓越的基层管理者中寻找。

问题拆解

中层管理者是团队的中流砥柱，是腰部力量，起着上传下达、承上启下的作用，一方面需要关注高层管理者制订的战略规划，一方面要把握基层管理者的工作，另一方面要注意员工的执行问题。

方法与工具

工具介绍

中层管理者培养

中层管理者介于高层管理者与基层管理者之间，起到上传下达的作用，因此中层管理者必须具备一定本行业的专业技术和团队整体运作概念，更需要对上对下的沟通技能。中层管理者往往是未来的高层管理者，因此对中层管理者的培养重点不仅是对现有技能的培养，更需要开发其潜能。培养中层管理者可以采取外部学习和内部培养相结合的方式。

中层管理者的 4 大通用能力

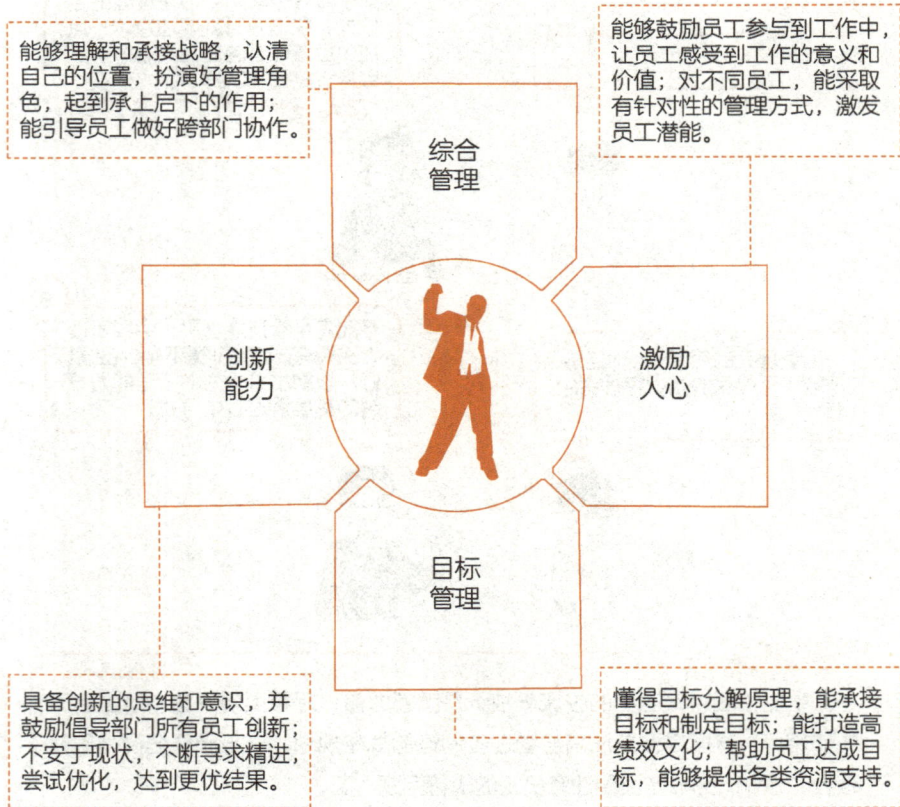

能够理解和承接战略，认清自己的位置，扮演好管理角色，起到承上启下的作用；能引导员工做好跨部门协作。

能够鼓励员工参与到工作中，让员工感受到工作的意义和价值；对不同员工，能采取有针对性的管理方式，激发员工潜能。

综合管理

创新能力

激励人心

目标管理

具备创新的思维和意识，并鼓励倡导部门所有员工创新；不安于现状，不断寻求精进，尝试优化，达到更优结果。

懂得目标分解原理，能承接目标和制定目标；能打造高绩效文化；帮助员工达成目标，能够提供各类资源支持。

应用解析

获取中层管理者学习需求的 4 种方法

设计调查问卷，向中层管理者发放问卷，能够获取其学习需求。

分析中层管理者的绩效结果，能够发现其工作中存在的问题，采取针对性学习。

调查
问卷

绩效
分析

头脑
风暴

定向
访谈

将中层管理者召集在一起采取头脑风暴，能够收集其学习需求，之后可以判断这种学习需求的原因及迫切程度。

对中层管理者实施工作访谈，能帮助其厘清工作思路，找到问题，也能发现学习需求。

小 贴 士

中层管理者应具备选人育人的能力，要能够判断员工的价值观与公司文化是否匹配，选准价值观相符的员工；要重视员工培养，有能力培养基层管理者和员工，能督促并帮助整个部门员工设计能力成长计划。

6.3.3　如何培养高层管理者

🔒 问题场景

1 我整个团队的人数不多，为了减少管理层级，除了我之外，我只设置了3个高层管理者岗位，数量上不少吧？

2 高层管理者不在多，在于精，必须是个顶个的精英，每个人能全面管起和负责团队某方面的工作。

3 团队某方面的工作指的是什么？

4 例如某高层管理者全面管理和负责产品研发，另一位高层管理者全面管理和负责销售与市场开拓。

5 那我从中层管理者中选拔高层管理者人选时是不是也要注意这一点。

6 没错，要从优秀的中层管理者中找有担当和格局的人培养。如果你希望团队拓展新业务，也应当找具备拓展精神的中层管理者作为高层后备人选。

问题拆解

　　高层管理者是团队的中坚力量，管理着整个团队，要关注团队的全局、长远、良性的发展问题。高层管理者是对整个团队某模块工作负全责的人，主要职责是制订团队某模块的总目标、总战略，掌握团队方针。高层管理者的职务决定了其应从大局出发把握团队所处环境及团队发展方向。因此对高层管理者后备人选的培养应从全局角度出发。

方法与工具

工具介绍

高层管理者培养

　　高层管理者作为团队战略的制订者与决策者，要为团队实现总体目标与达成业绩要求负责，并负责制定和评价团队长期的目标、战略、规划，制订计划。高层管理者要及时发现问题和正确决策，因此高层管理者必须具备领导力和影响力。培养高层管理者可以多采用外部的学习机会。

高层管理者的 4 大通用能力

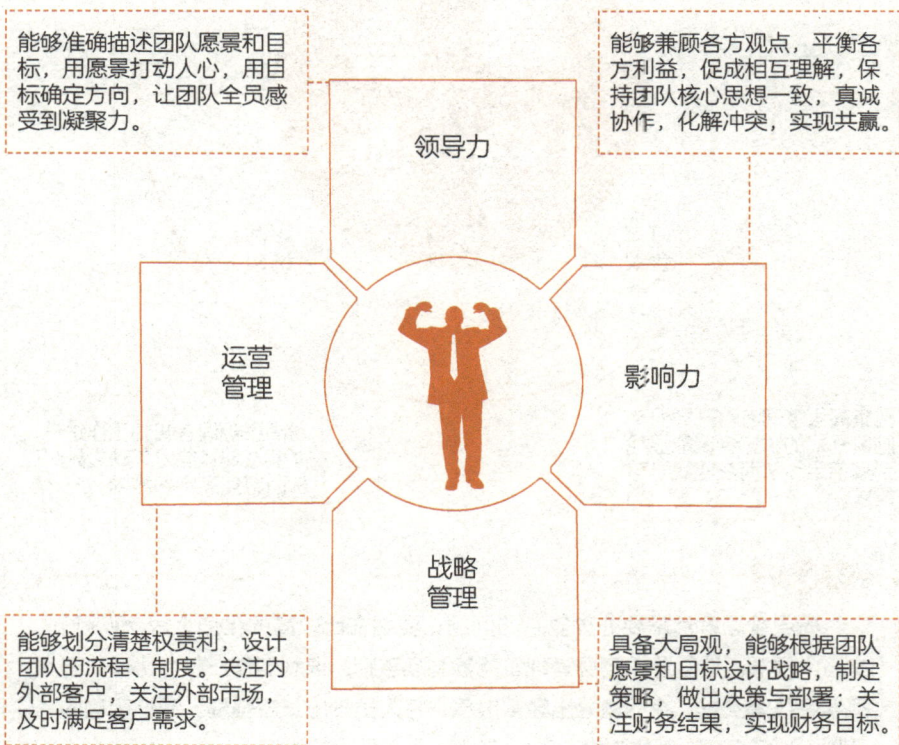

能够准确描述团队愿景和目标，用愿景打动人心，用目标确定方向，让团队全员感受到凝聚力。

能够兼顾各方观点，平衡各方利益，促成相互理解，保持团队核心思想一致，真诚协作，化解冲突，实现共赢。

领导力

运营管理

影响力

战略管理

能够划分清楚权责利，设计团队的流程、制度。关注内外部客户，关注外部市场，及时满足客户需求。

具备大局观，能够根据团队愿景和目标设计战略，制定策略，做出决策与部署；关注财务结果，实现财务目标。

应用解析

获取高层管理者学习需求的 4 种方法

通过对战略目标的推导，能了解高层管理者应具备的素质、知识或技能。

高层就自身绩效成果的述职能够发现其业务弱项，从而发现其学习需求。

战略
推导

工作
述职

讨论
会议

定向
访谈

召集高层管理者召开类似头脑风暴式的讨论会议能够找到其不足，从而获取其学习需求。

对高层管理者实施工作访谈，能够发现其能力欠缺之处，从而聚焦其学习需求。

小贴士

高层管理者常常要处理复杂的问题，要站在比较高的维度上思考问题，要有大局观。这就要求高层管理者能够洞察事物、谋划工作、整合协调，必须学会统筹安排，将问题分出轻重缓急，将人员分出长短强弱，制订明确的计划，进行合理有序的安排。

07

培养技巧

💎 本章背景

1 如何解决员工能力单一的问题？如何培养员工的全局意识和复合能力？如何防止员工在单一岗位上产生倦怠感？

2 你可以尝试做内部轮岗，通过轮岗解决这些问题。

3 发现员工的绩效出问题后应该如何培养呢？

4 这种情况可以先针对绩效问题实施人才辅导，先解决绩效问题。如果发现员工需要培养，再探讨人才培养的问题。

5 培养人才需不需要做培养计划？应该怎么做呢？

6 培养人才当然应该做培养计划。不过根据培养人才待解决的问题类型不同，培养计划的操作方法也有所不同。

背景介绍

内部轮岗是一种有效的人才培养方法。

人才辅导主要针对绩效问题，是比人才培养更及时、更高效的管理方式。

为了让人才培养有效实施，应当制订人才培养计划，常见的人才培养计划有 3 类，分别是针对人才不足的培养计划、针对能力欠缺的培养计划和针对绩效较差的培养计划。

7.1　内部轮岗实施方法

内部轮岗机制是团队培养人才的有效方式，能够促进团队和员工的双赢。通过内部轮岗，员工将获得能力成长、职业发展和薪酬提升，对员工而言是有效的学习和激励方式；团队可以获得期望的人才，达成战略目标。

7.1.1 如何设计轮岗规则

问题场景

1 我发现团队中的很多员工不仅能力单一，而且眼界狭隘，只关注自己的岗位，跨部门沟通也常以失败告终。

2 也许可以试试轮岗，这样不仅有助于培养员工的复合能力，而且有助于帮助员工树立全局意识。

3 轮岗我还真是很少做，总觉得员工在岗位上做得好好的，调换岗位会引起员工的不适，影响团队的绩效。

4 如果不轮岗，团队可能变成一潭死水，员工在一个岗位上做得时间长了会产生倦怠感，不仅可能失去活力，而且可能助长惰性。

6 轮岗确实是必需的，不过也没必要为了轮岗而轮岗，可以根据团队情况设计轮岗规则。

5 这么说轮岗是必须的喽？

问题拆解

　　不设计轮岗机制的团队，员工长期从事单一岗位，绩效水平的提升速度将会减缓，员工容易产生倦怠感，而且可能滋生惰性。轮岗能够提升内部流动性。员工通过轮岗可以获得复合能力，能够开阔眼界，而且换到新岗位上的员工，也更容易产生创新和达成更好绩效的热情。

方法与工具

工具介绍

轮岗

员工轮岗有助于团队培养复合型人才，也能在一定程度上抑制惰性。团队在实施员工轮岗前，可以先制订员工轮岗制度。员工轮岗制度主要是对员工轮岗安排和规则的约定，应规定清楚员工轮岗的类型、对象、周期、流程等内容。

团队常见的 3 种轮岗调动类型

平行调动

培养型调动，当员工任职满一定年限后，根据平行部门间的功能、规模、业绩等情况，可以进行岗位轮换调整。

晋升调动

激励型调动，当员工表现优异，达到晋升条件后，可以对员工进行等级晋升，相应调整岗位，将员工调整到责任更大、贡献更高、更能体现其价值的岗位上。

距离调动

关怀型调动，当员工工作满一定年限后，可以根据其家庭情况将员工调整到离家较近的地区或岗位工作，体现对员工的关怀。

应用解析

设计轮岗规则的 4 个关键

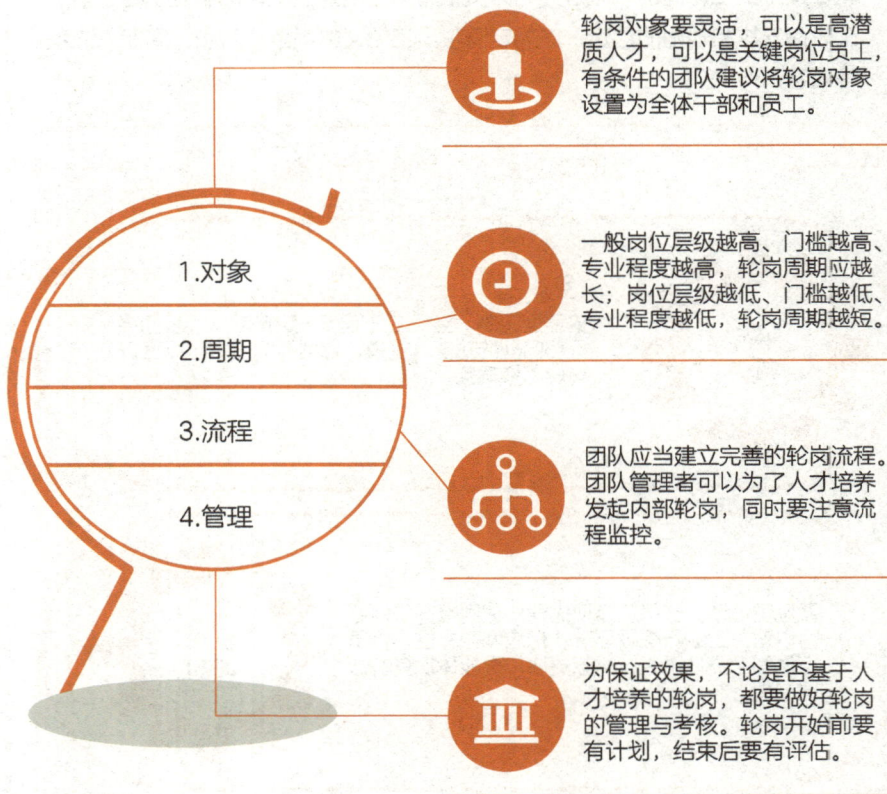

轮岗对象要灵活，可以是高潜质人才，可以是关键岗位员工，有条件的团队建议将轮岗对象设置为全体干部和员工。

1.对象

2.周期

一般岗位层级越高、门槛越高、专业程度越高，轮岗周期应越长；岗位层级越低、门槛越低、专业程度越低，轮岗周期越短。

3.流程

团队应当建立完善的轮岗流程。团队管理者可以为了人才培养发起内部轮岗，同时要注意流程监控。

4.管理

为保证效果，不论是否基于人才培养的轮岗，都要做好轮岗的管理与考核。轮岗开始前要有计划，结束后要有评估。

小贴士

对高层或关键敏感岗位，可以每 3 ~ 5 年轮岗一次。如果轮岗周期小于 3 年，可能看不出员工在岗位上的贡献；如果员工在同一岗位上的工作时间大于 5 年，可能会滋生惰性。

7.1.2　如何准备轮岗交接

问题场景

1 我不愿让员工轮岗，就是担心轮岗后员工在新岗位上效率不高，经常犯错，需要一段时间适应。

2 事先考虑到可能的问题，提前做好轮岗的准备和交接，这些问题就能有效规避。

4 是的，轮岗不需要第一天公布，第二天就执行，可以有一段时间的适应和准备期。

3 也就是把准备工作做足是吧？

5 那我以后在安排轮岗前，提前一个月公布，让员工早有准备。

6 再提前一些也可以，前期准备的沟通是非常必要的。不要忘了多和员工沟通，让员工理解轮岗的意义，愿意接受轮岗。

问题拆解

　　轮岗有利有弊，但凡事预则立不预则废，关于轮岗，事先的准备和沟通非常重要。有了足够的准备，员工交接到位，轮岗实施会比较顺利；如果没有准备，轮岗的弊端可能会充分显现。

方法与工具

工具介绍

轮岗工作交接

轮岗工作交接是岗位轮换的必要工作之一。轮岗工作交接如果不到位，很可能造成内部轮岗以失败告终，不仅不会起到轮岗预期的人才培养效果，而且会造成团队工作效率降低等严重后果。

轮岗的 3 种工作交接

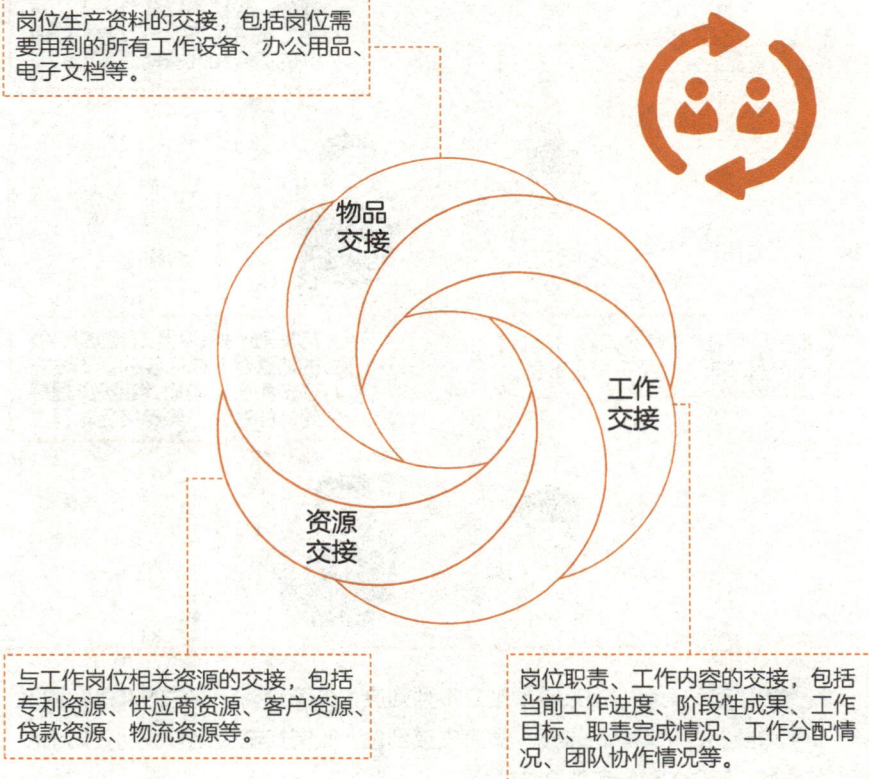

岗位生产资料的交接，包括岗位需要用到的所有工作设备、办公用品、电子文档等。

物品交接

工作交接

资源交接

与工作岗位相关资源的交接，包括专利资源、供应商资源、客户资源、贷款资源、物流资源等。

岗位职责、工作内容的交接，包括当前工作进度、阶段性成果、工作目标、职责完成情况、工作分配情况、团队协作情况等。

应用解析

轮岗前沟通准备的 4 个关键点

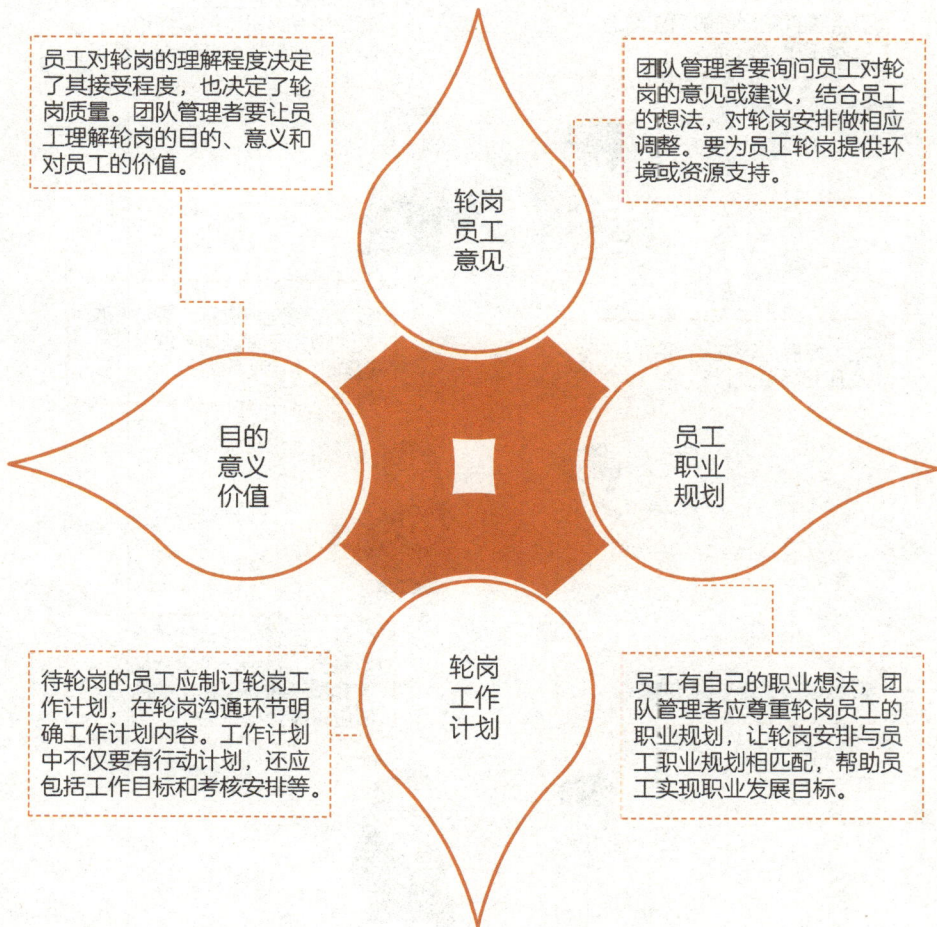

员工对轮岗的理解程度决定了其接受程度，也决定了轮岗质量。团队管理者要让员工理解轮岗的目的、意义和对员工的价值。

团队管理者要询问员工对轮岗的意见或建议，结合员工的想法，对轮岗安排做相应调整。要为员工轮岗提供环境或资源支持。

轮岗员工意见

目的意义价值

员工职业规划

轮岗工作计划

待轮岗的员工应制订轮岗工作计划，在轮岗沟通环节明确工作计划内容。工作计划中不仅要有行动计划，还应包括工作目标和考核安排等。

员工有自己的职业想法，团队管理者应尊重轮岗员工的职业规划，让轮岗安排与员工职业规划相匹配，帮助员工实现职业发展目标。

小贴士

有的员工因为长期从事某岗位，不愿意接受轮岗，认为轮岗是一种负担或挑战。如果团队管理者不在员工轮岗前与员工做好充分沟通，很多员工会对轮岗抱有较大负面情绪，最终可能无法达到轮岗机制的预期效果。

7.1.3　如何安排轮岗学习

问题场景

1　我会重视轮岗前的员工沟通，让员工接受轮岗。

2　很好，除了让员工接受，你也要安排好对员工的能力培养。毕竟岗位转换意味着能力变换。

3　能力培养应该在轮岗前进行还是在轮岗后进行？

4　应该在轮岗前进行，要让轮岗员工事先了解新岗位的特点，这样上手会比较容易。

5　应当以员工自学为主吗？

6　以员工自学为主可能不合适，毕竟员工将到一个全新岗位。培养员工在新岗位上的能力一般应以导师传授为主。

问题拆解

　　很多员工轮岗最终以失败告终，原因是没有做好轮岗员工的心态调整和能力培养。团队管理者要为员工做好轮岗学习的安排，安排好导师，提前为员工设计相应的培训计划，并定期评估。

方法与工具

工具介绍

轮岗前的培养

　　轮岗有助于培养人才，但在轮岗前，要给员工一定的培养，要为员工轮岗后的岗位适应做必要的培训。当然，轮岗过程中的培养更是不可或缺的。

员工轮岗前需要做好的 4 点工作

要保证员工轮岗成功，导师的作用不可思议。导师能发现员工轮岗过程中的问题，及时帮员工调整工作态度，增强员工能力。

员工上级要定期关心轮岗员工，定期对轮岗员工进行访谈，要定期监督、检查和评估轮岗员工导师对轮岗员工的培养情况以及轮岗员工在岗位上的工作成果。

安排
导师

定期
评估

上级
重视

相关
培训

高层对轮岗工作的重视与支持程度关系着轮岗工作进展。上级领导重视，定期监督，定期帮助轮岗员工，将会给轮岗员工带来极大的信心。

要有岗前培训和岗中培训。岗前培训是让员工对岗位有了解，减少轮岗后的不适感，提高轮岗成功率。岗中培训是让员工在岗位上不断提升能力，增强适应性。

应用解析

员工轮岗成长的 3 个阶段

开悟阶段

这个阶段员工才真正体会到新岗位的特点，体会到自己原本没有想到的问题，真正理解岗位内涵。

磨合阶段

这个阶段不仅包括工作内容本身的磨合，还包括与团队内部同事间的磨合，是员工轮岗后面临挑战的真正开始。

懵懂阶段

这个阶段员工最突出的问题是员工态度问题和情绪问题，员工通常会有3种表现：不知所措、压力缠身、无知无畏。

小贴士

　　员工轮岗后相当于到了自己不熟悉的环境，需要做自己不熟悉的工作，任何人都会有一个适应过程。团队管理者掌握员工状况的变化过程有助于帮助员工调整心态，更好地适应轮岗，让轮岗真正达到人才培养的效果。

7.1.4 如何规避法律风险

问题场景

1 忽然想到个问题，劳动法规定不能随意变换员工的工作岗位吧？

2 是的，但只要和员工协商一致就可以。另外，如果有合法合规的规章制度，在员工入职时就有相关约定，也会减少法律风险。

3 原来如此，看来就轮岗问题和员工的沟通确实很重要。

4 还有一种方式可以规避法律风险，那就是采取内部兼职机制。

5 什么是内部兼职机制？

6 就是一岗多能，一岗多职，这一点要在员工入职时就事先和员工谈好，在劳动合同中可以有所体现。

问题拆解

　　岗位调整是团队管理中比较敏感的问题，操作不好容易产生法律纠纷，所以团队管理者与员工就岗位调整达成一致意见非常重要。但这不代表轮岗就没办法执行，只要和员工协商一致，事先规避可能存在的法律风险，员工轮岗依然可以合法合规地进行。

🔑 方法与工具

工具介绍

内部兼职机制

　　为了提升员工的综合素质与能力，让员工实现一岗多能、一岗多职，强化员工对不同部门或岗位的认知，为关键岗位储备人才，团队可以对部分岗位实施内部兼职机制。内部兼职机制是轮岗机制的一种变化，不仅能够达到轮岗的效果，还能在一定程度上降低人力成本。内部兼职机制适合各类管理岗位和技术岗位。

应用内部兼职机制的 4 个关键

定位为兼职的人员应承担兼职岗位责任，学习相关技能，参与兼职部门具体业务，在兼职岗位工作业务上受兼职部门管理者领导。

兼职周期可以由兼职团队管理者、当前团队管理者和员工本人共同协商确定。一般每周从事兼职岗位时间控制在1～3天。

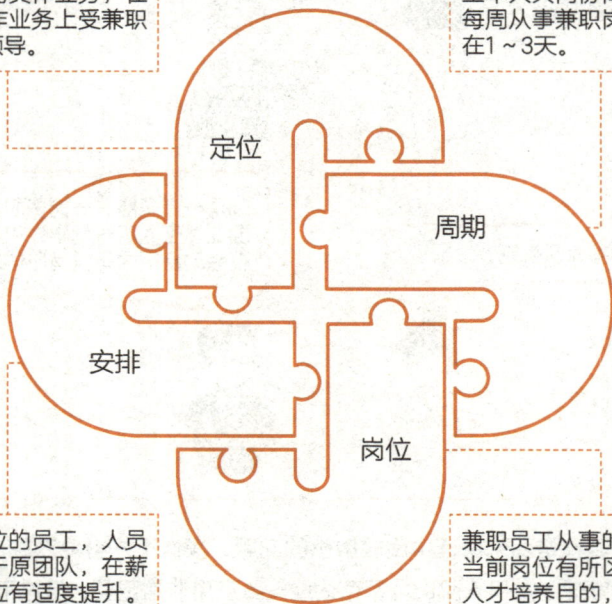

定位

周期

安排

岗位

从事兼职岗位的员工，人员关系应隶属于原团队，在薪酬或福利上应有适度提升。要定义好兼职员工在不同团队或岗位上的权、责、利。

兼职员工从事的岗位应当与当前岗位有所区别。为达到人才培养目的，兼职岗位可以考虑设置为某关键岗位的副职或助理等类型的岗位。

应用解析

轮岗法律风险防控的 3 个关键点

不是制定了内部轮岗管理制度后，就可以不顾员工个人意愿随意调整员工岗位。在轮岗前，一定要和员工协商一致，要签字确认。

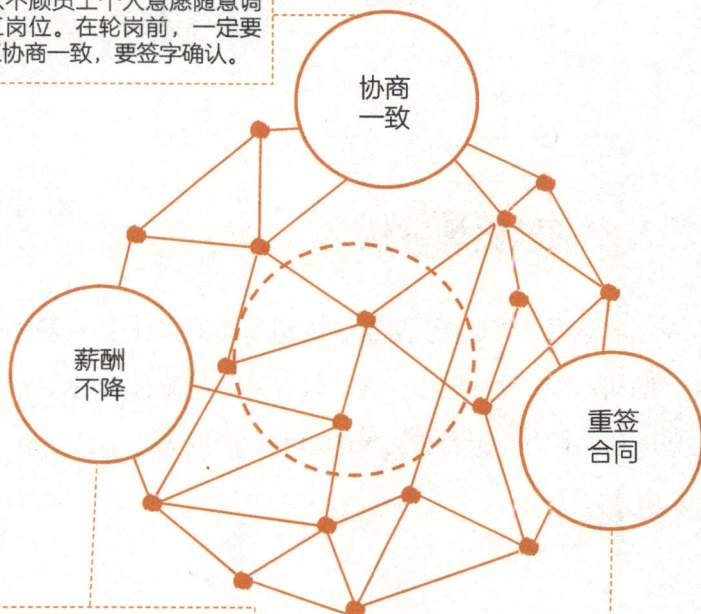

协商一致

薪酬不降

重签合同

绝大多数情况下，内部轮岗机制不应降低轮岗员工薪酬。如果要降低员工薪酬，同样必须和员工协商一致，并保留协商一致的证据。

为保证轮岗合法合规，除正常实习轮岗外，可以与员工重新签订劳动合同。重签劳动合同上的岗位应是员工轮岗后的新岗位。

小贴士

员工调岗是比较敏感的问题，在实务中比较容易产生劳动纠纷。团队管理者应谨慎操作，要执行好内部轮岗机制，需要有效规避岗位调整中可能存在的法律风险。

7.2　人才辅导实施方法

　　人才培养的表象是让人才成长，最终目的是让人才达成高绩效。在团队的绩效管理中，人才辅导是一种通过纠正人才行为，提升人才能力，达到高绩效的目的。所以人才辅导也是一种人才培养方式。

7.2.1 如何正确实施辅导

问题场景

1 团队员工的绩效总是出问题，我可不可以针对绩效问题实施人才培养呢？

2 不仅可以，而且必须这么做。实际上，针对绩效问题实施人才培养针对性更强。这种人才培养一般叫作"人才辅导"。

3 人才辅导？和人才培养有什么不同吗？

4 目的上没有本质不同，都是通过提升员工能力达成高绩效，形式上人才辅导一般是一对一，人才培养可以一对多；内容上人才辅导的目标性更强。

5 这么说，当人才绩效出问题时，团队管理者就该实施人才辅导了？

6 没错，不仅要实施人才辅导，而且应第一时间实施。

问题拆解

人才辅导是一种更即时、更短期的人才培养行为。人才辅导通常是针对员工的某类绩效问题展开，具有比较强的目标性。当员工出现绩效问题时，团队管理者应当立即对员工实施辅导。

方法与工具

工具介绍

员工辅导的程序

很多团队管理者不知道如何实施人才辅导，有时实施了某一项又忘了另一项。这时候可以采取 GROW 工具展开绩效辅导，也就是按照 G（goal，目标）、R（reality，现实）、O（options，选择）、W（will，意愿）的辅导模式进行。

员工辅导的 GROW 程序

在辅导开始前，首先与员工一起建立目标。目标是努力的方向，明确了方向，工作才有可能开展得有意义、有价值。

在辅导过程中，和员工一起了解当前现实状况，以事实为依据，不能依靠凭空想象或拍脑袋决策。

明确
目标
goal

达成意愿
will

GROW

认清现实
reality

选择
方案
options

在辅导的最后，和员工达成一致意见。意见一致代表双方沟通后都可以接受后果，是一种对管理和辅导的平衡。

在辅导过程中，和员工一起讨论方案。行动方案不应完全由员工自己制订，因为可能会趋于简单，也不应当完全由导师或上级指示，因为可能不切实际。

应用解析

员工辅导 GROW 程序中可以探讨的问题

1.本次辅导想谈什么事情或解决什么问题？
2.对于如何确定目标，各方有哪些想法？
3.目标是否积极，有挑战，可达成，可以衡量？
4.什么时间达成目标，对目标的个人控制如何？
5.目标是否可以进一步分解成不同阶段性目标？

明确目标 goal

1.员工准备如何解决这些问题？
2.还有谁能帮助解决这些问题？
3.员工有没有更多的选择？
4.如果别人遇到这类问题会怎么做？
5.导师或上级可提供什么样的建议？

认清现实 reality

选择方案 options

1.员工自己给自己打多少分？
2.发生了什么事情，当前现状如何？
3.员工怎样评价当前工作状况和问题？
4.员工采取了哪些措施，结果如何？
5.员工为完成工作目标，可能涉及哪些人员？

达成意愿 will

1.员工下一步准备做哪些明确、具体的事情？
2.在不同的解决方案中，员工比较倾向哪一种？
3.员工准备什么时候开始行动，何时完成行动？
4.员工在执行过程中可能会有什么样的困难？
5.员工准备用什么方式去面对这些困难和阻力？

小 贴 士

　　团队实施绩效管理，对员工的考核与评价不是最终目的，员工成长才是团队最希望看到的，所以绩效辅导才是绩效管理的真正核心。

7.2.2　哪类人才需要辅导

问题场景

1
原来这就是人才辅导，我觉得团队管理者在工作中应当经常实施人才辅导。

2
是的，人才辅导要贯穿于团队管理始终。当员工出现绩效问题时，团队管理者要马上对员工实施辅导。

3
我懂了，团队管理者要针对问题员工，随时进行辅导。

4
不是针对问题员工，而是针对"全体员工"。

5
那种能力强、绩效好的员工也需要辅导吗？

6
同样需要辅导，辅导不仅有教导的作用，也有辅助的作用，还有鼓励的作用。

问题拆解

　　人才辅导并非低绩效员工的"专利"，不论员工绩效水平高低，团队管理者都应视情况对员工实施一定辅导。人才辅导过程实际上也是沟通过程。根据员工能力和需求的不同，有的员工辅导侧重于传授知识、技能或经验，有的员工辅导则侧重于提供帮助或鼓励。

方法与工具

工具介绍

需要实施人才辅导的人群

团队管理者在实施人才辅导时，应根据不同员工的绩效情况、态度情况、能力情况，采取不同的、有针对性的辅导方法。有的员工需要鼓励，有的员工需要辅助，有的员工需要教导。

其中有 4 类人群需团队管理者予以特别关注，并尽快实施辅导，他们分别是表现进步者、表现退步者、未尽全力者和新人。

需要特别关注辅导的 4 类人群

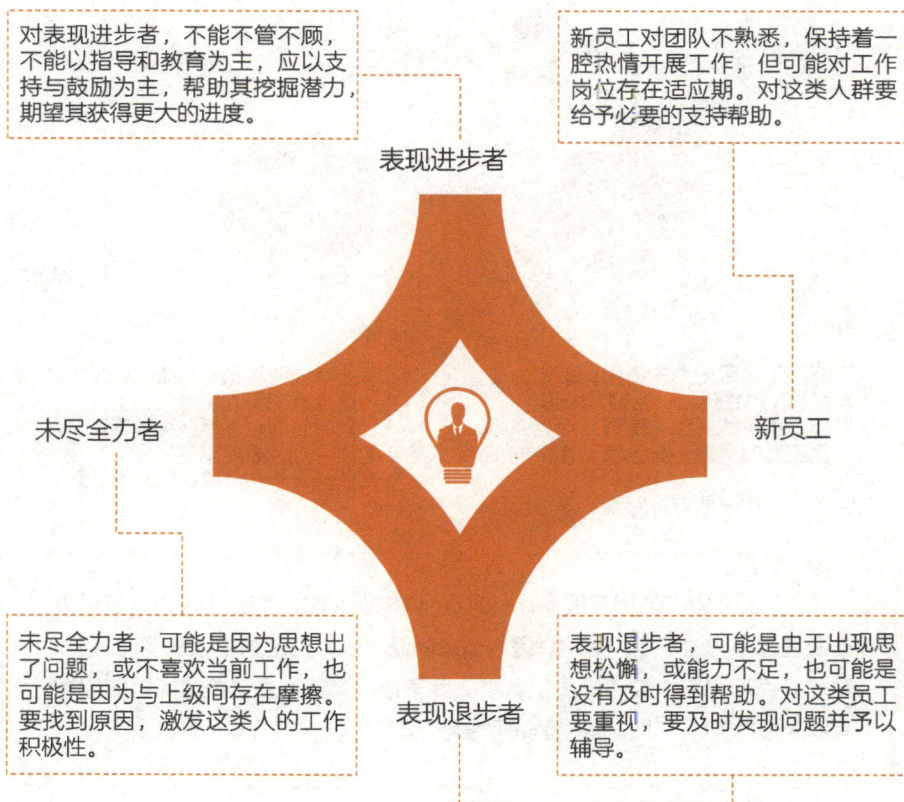

对表现进步者，不能不管不顾，不能以指导和教育为主，应以支持与鼓励为主，帮助其挖掘潜力，期望其获得更大的进度。

新员工对团队不熟悉，保持着一腔热情开展工作，但可能对工作岗位存在适应期。对这类人群要给予必要的支持帮助。

表现进步者

未尽全力者

新员工

未尽全力者，可能是因为思想出了问题，或不喜欢当前工作，也可能是因为与上级间存在摩擦。要找到原因，激发这类人的工作积极性。

表现退步者，可能是由于出现思想松懈，或能力不足，也可能是没有及时得到帮助。对这类员工要重视，要及时发现问题并予以辅导。

表现退步者

应用解析

需要特别关注辅导的 4 类人群的辅导方法

1.了解员工具体有哪方面进步。
2.及时向员工反馈其进步。
3.与员工沟通其下一步打算。
4.适当给员工增加任务和锻炼机会。
5.与员工一起实现更大进步。

1.发掘员工问题，找出原因。
2.与员工探讨对本岗位的看法。
3.帮员工制订改进计划，确定目标和任务。
4.给予员工工作上更多的咨询或指导。
5.如果持续得不到改善，考虑换岗。

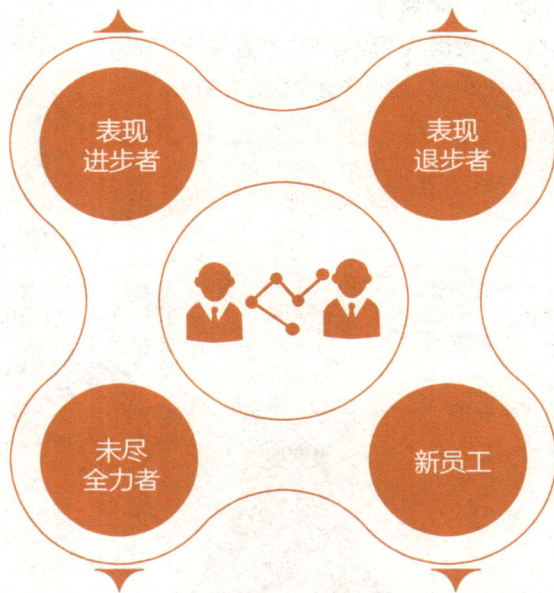

1.了解员工未尽全力的原因和真实想法。
2.发掘员工以往成绩，发掘其兴趣。
3.发现员工可能遇到的障碍，帮其克服。
4.给员工即时反馈，鼓励其工作中的小成就。
5.给员工提供一些有针对性的学习项目。

1.不要过分苛责和要求新人的成果。
2.将重点放在新人能力成长上。
3.了解新人能力上存在哪些不足。
4.给新人提供更多学习机会。
5.和新人一起制订成长和发展计划。

小贴士

　　员工绩效差的原因有很多，有的是因为态度问题，有的是因为缺乏经验，有的是因为能力不足，有的是因为情绪问题，还有的是因为团队管理者没有及时准确地把工作传递给员工。团队管理者应当查找员工绩效问题的根源，有针对性地辅导员工，而不是一开始就责怪员工。

7.2.3 人才辅导如何沟通

🔒 问题场景

1. 我以前也实施过辅导，例如，我曾经和销售队伍员工说要善待客户，要尊重客户，可辅导之后也没见效果，问题出在哪儿呢？

2. 你这个辅导更多是在传达价值观和理念，这么做效果不佳。有效的辅导应当是传授方法和工具。

3. 不应传达价值观和理念，应当传授方法和工具，是什么意思？

4. 价值观和理念没有标准，但方法或工具有统一的标准，能够被标识，能够被理解。

5. 明白了，传授方法和工具更明确，也更有助于员工进行明确的行动。

6. 没错，实施辅导时少说一些比较模糊、无法量化的话，多说一些明确、能够量化的话。

问题拆解

　　很多团队管理者喜欢说价值观和理念一类的话，例如要对顾客好，要尊重顾客。这类价值观和理念虽然没错，但要靠员工意会来理解。由于每个人的理解不同，做出来的行为很可能有较大差异，而且有些中性的价值和理念员工不一定认同，无法感同身受。

方法与工具

工具介绍

人才辅导的内容

当人才辅导的目的是传授知识、能力或经验时，辅导的内容应当是比较明确的方法论或工具，让员工有明确的标准可以参照实施，让员工明确知道应该如何做。如果辅导的内容只是一些原则性的理念或价值观，员工就算知道了也不知道如何去做。

人才辅导时上级和员工应遵循的原则

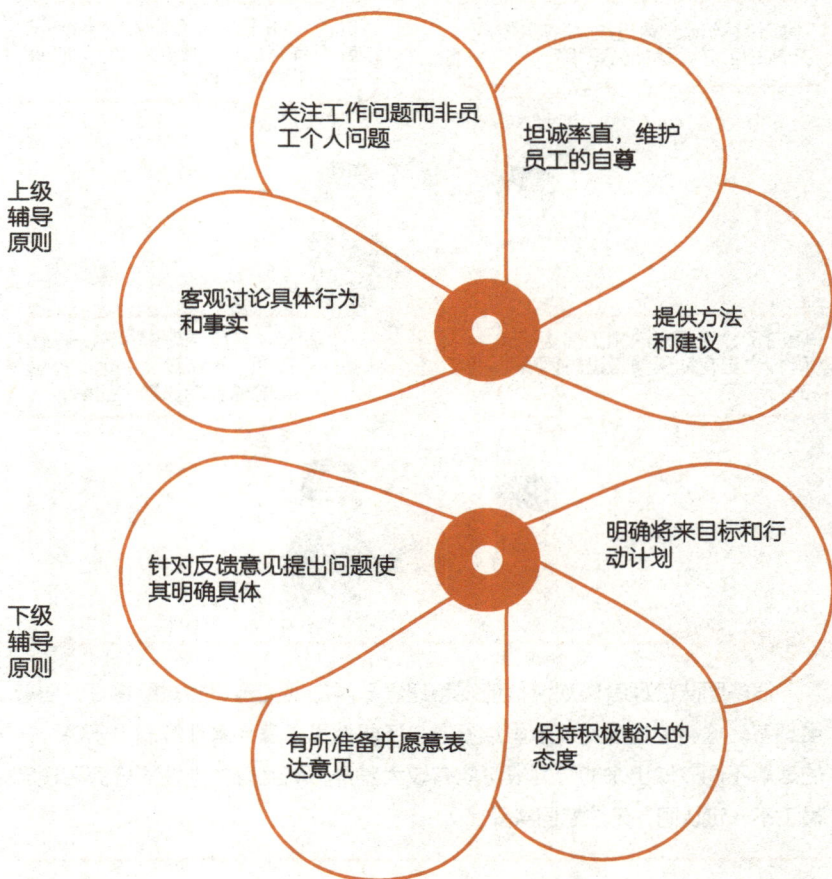

上级辅导原则

- 关注工作问题而非员工个人问题
- 坦诚率直，维护员工的自尊
- 客观讨论具体行为和事实
- 提供方法和建议

下级辅导原则

- 针对反馈意见提出问题使其明确具体
- 明确将来目标和行动计划
- 有所准备并愿意表达意见
- 保持积极豁达的态度

应用解析

辅导员工的 6 个通用步骤

5.鼓励结尾
谈话快结束时要着眼未来，对员工给予一定的鼓励、支持或帮助，并规划正面结果，让谈话以鼓励结尾。

6.形成记录
谈话要形成书面记录，写清楚双方都认同的事情、具体的行动计划、改进的措施以及未达成一致的事项。

3.积极反馈
积极、真诚、具体表扬员工行为（正面反馈），必要时可以嘉奖员工。可适度表达消极反馈（负面反馈），消极反馈的比例不应超过积极反馈，最终以积极反馈收尾。

4.达成共识
要与员工确认需要改善的工作内容、需要提高的知识和技能、需要给予的资源和支持，并最终与员工达成一致。

1.发现问题
创造出良好的沟通氛围，说明辅导沟通目的。倾听并让员工积极参与；了解员工目标进展情况、工作情况、态度情况，有意识地观察发现员工问题。

2.描述行为
描述具体行为，而非概括性总结和推论。解释行为对目标的影响。可表达感受，但必须说明只是主观感受，还需进一步了解员工想法，让员工自我分析，表达心声。

小贴士

　　没有沟通就不是辅导，沟通是辅导的核心。在实施员工辅导时，上级应就团队发生的重要事件进行定期和不定期沟通，持续不断地辅导和持续改进，同时根据情况需要采用正式或非正式沟通方式。

7.3　培养计划设计方法

　　有计划才有行动，有行动才有落实。有效实施人才培养离不开人才培养计划。根据人才培养的方向不同，人才培养计划可以分成 3 类，第一类是当人才不足时制订的培养计划；第二类是当能力欠缺时制订的培养计划；第三类是当绩效较差时制订的培养计划。

7.3.1 人才不足时如何设计培养计划

问题场景

1 针对人才培养问题，我是不是应该制订人才培养计划呀？

2 凡事预则立，不预则废。要做好人才培养，确实有必要制订人才培养计划。

3 如何制订人才培养计划呢？

4 这个不可以一概而论，要根据当前人才培养面临的问题开展实施。

5 都可能会有哪些问题呢？

6 例如当团队人才不足，需要全面培养某类岗位人才时，就应当针对人才不足的问题实施培养。

问题拆解

　　很多团队在快速发展时期会遇到人才短缺的情况，如果人才补充跟不上，将会直接导致团队业务发展受阻，直接影响团队能否实现战略目标。人才补充不能完全依靠外部招聘，而应当重点依靠对内部人才的培养。

方法与工具

工具介绍

基于人才数量不足时的人才培养

人才数量不足和人才能力欠缺是团队经常遇到的问题，当团队制订人才培养计划的目的是为了解决人才数量和能力问题时，应把年度培养计划定位于人才培养的数量。

基于人才数量不足时的人才培养计划实施步骤

查找当前在哪个地区、哪个部门、哪种岗位上存在人才数量的不足。针对当前人才数量不足，提供解决方案。

很多团队并非缺少人才数量，而是能力欠缺，这时除了查找人才数量不足外，也要查找人才质量不足。

1.查找
人才数量
不足之处

2.查找
人才质量
不足之处

4.有序
培养
后备人才

3.寻找
后备人才
来源

针对后备人才的培养计划应保证人才知识、技巧和能力培养，让人才能够达到岗位胜任能力的基本要求。

尝试寻找后备人才来源。后备人才来源不限于外部招聘，也来源于内部人才培养。针对内部后备人才设计培养计划。

应用解析

案例：某公司人才培养数量规划样表

职级 年初人数	店长	处长	主管	组长	员工	离职预测（含淘汰）
店长 600人	留存率 82% 留存492人	降职率4% 降职24人	降职率3% 降职18人	降职率1% 降职6人	—	离职淘汰率 10% 离职60人
处长 1 200人	晋升率 10% 晋升120人	留存率 82% 留存984人	降职率3% 降职36人	降职率2% 降职24人	降职率1% 降职12人	离职淘汰率 12% 离职144人
主管 3 600人	晋升率1% 晋升36人	晋升率9% 晋升324人	留存率 70% 留存2 520人	降职率4% 降职144人	降职率1% 降职36人	离职淘汰率 15% 离职540人
组长 7 200人	—	晋升率1% 晋升72人	晋升率9% 晋升648人	留存率 70% 留存5 040人	降职率5% 降职360人	离职淘汰率 15% 离职1 080人
员工 14 400人	—	—	1%晋升率 晋升144人	9%晋升率 晋升1 296人	留存率 65% 留存9 360人	离职淘汰率 25% 离职3 600人
年末情况 预测	648人	1 404人	3 366人	6 510人	9 768人	—

小贴士

上表分析方法叫马尔可夫分析法，最早由数学家安德雷·安德耶维齐·马尔可夫提出，可以根据数据当前变化，预测未来变化趋势。马尔可夫分析可以用在人才数量变化预测分析上，通过对人才晋升、降职、离职等数据现状总结或未来预测，推测分析人才数量变化趋势。

7.3.2　能力欠缺时如何设计培养计划

🔒 **问题场景**

1　如果团队不是针对某类岗位人才实施培养，而是当前团队成员能力不足，是不是也可以制订人才培养计划？

2　当然，这时候的人才培养计划主要针对当前团队成员能力上的不足。

3　这时候怎么做人才培养计划呢？

4　这时候首先要查找当前岗位人才的能力缺口，根据不同的能力缺口，采取不同的培养方法。

5　明白了，这还是查漏补缺式的人才培养方式。

6　是的，不过除了查漏补缺外，搭建有效的人才培养体系，让人才能力培养实现体系化运作也非常重要。

问题拆解

查漏补缺有助于人才能力培养，寻找员工的能力差距，把这些差距和对应的培养方式整合到一起，就能形成针对能力欠缺的培养计划。另外，团队整体的人才培养应当体系化运作，建立人才培养体系能让人才培养高效、有序地运行。

方法与工具

工具介绍

基于人才能力不足的人才培养

针对人才能力差距，团队管理者可以设计针对能力补充的人才培养计划。人才能力补充方式多种多样，可以通过内部导师制，可以通过外部学习，也可以通过其他多种形式。针对员工要补充的能力，团队管理者应做出规划，帮助员工有针对性地培养和补充这些能力。

人才能力补充计划表

某岗位	当前较大能力差距	能力补充方式	开始时间	结束时间	负责人	评估人
		集中培训				
		导师制				
		外出学习				
		……				

团队整体学习计划和行动方案样表

层次	序号	学习内容	针对对象	学习目标	学习形式	学习资源	学习场所	学习时间	学习费用
战略层需求	1								
	2								
	3								
任务层需求	1								
	2								
	3								
个人层需求	1								
	2								
	3								

应用解析

人才培养体系的 3 大层面

人才培养体系要有制度支撑，要有策略规划。制度层面是人才培养的纲领性政策或导向性思路。

运作层面是人才培养的实施环节，是运用资源、落实策略的具体行动方法，包括学习需求获取、学习计划和方案制订、学习效果跟踪评估等。

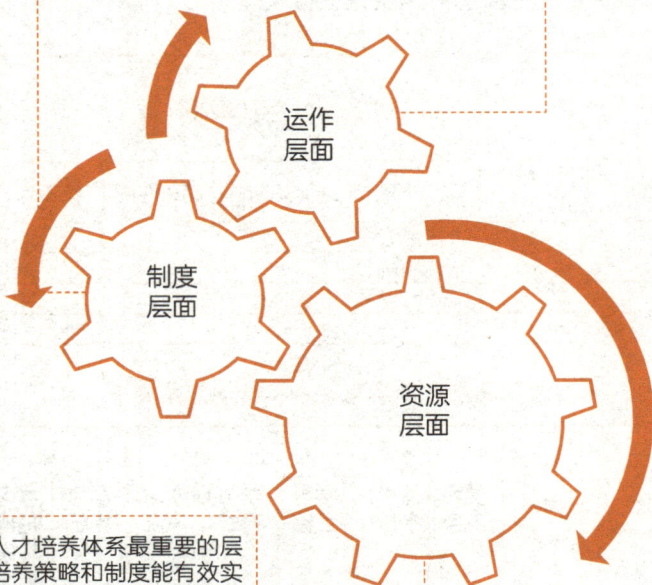

运作
层面

制度
层面

资源
层面

资源层面是人才培养体系最重要的层面，是人才培养策略和制度能有效实施所具备可调配或可以使用的资源，包括导师、讲师、专家这类软件资源，也包括基地、设备、物资等硬件资源。

小贴士

很多团队人才培养做不好，是因为只注重运作层面，没有做资源层面和制度层面建设。这 3 大层面之间是互为递进、相互作用、共同发展的。完整的人才培养体系是保证人才培养有效实施的必要保证。人才培养体系不完善的团队，需要不断完善这 3 个层面。

7.3.3 绩效较差时如何设计培养计划

🔒 问题场景

1 除了人才不足和能力欠缺问题所对应的人才培养计划外，还有其他类型的人才培养计划吗？

2 有的。人才培养的最终目的是为了提升绩效，当某个小团队绩效出问题时，可以针对绩效差的问题实施人才培养。

3 确实啊，员工绩效差是个大问题，发现问题之后要立即培养！

4 员工出现绩效问题时，不能在第一时间想如何培养员工，而要分析员工绩效差的根本原因。

5 啊？不是员工的问题？那是什么问题？

6 有可能是流程问题，有可能是体系问题，也有可能是一些外部因素干扰。

问题拆解

　　人才培养的最终目的是为了改善绩效，只有绩效水平提高了，才能说人才培养做得成功。除了培养人才数量和补足能力外，还可以围绕改善绩效制订人才培养计划。针对绩效改善的人才培养不能完全把问题归咎于员工，要先分析绩效差的根本原因，如果绩效差是员工引起的，再针对员工的问题实施人才培养。

🔑 方法与工具

工具介绍

基于绩效提升的人才培养

团队中总会有绩效好的，也会有绩效差的。针对绩效差的，在制订培养计划时应分析绩效差的原因，把重点聚焦于绩效提升和改进，围绕绩效做培养计划。在做培养目标设计和评估时，可以把重点放在"培养前后绩效变化"上。

基于绩效问题的人才培养计划实施步骤

1.查找绩效差的原因
查找原因时，一定要实际调研真实原因，而不是道听途说或凭空想象。可以持续问"为什么"。很多时候，问题只是表象，当持续问为什么时才能知道问题背后的根本原因。

2.制定绩效改进目标
既然人才培养是为了改善绩效，制定绩效改进目标也是制订人才培养计划的基本目标。明确目标有助于围绕目标制订计划，也有助于评估计划最终的完成情况。

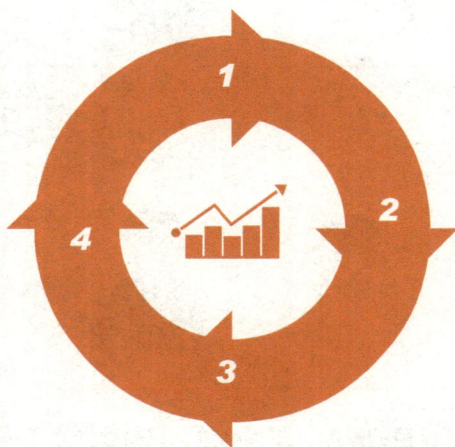

4.有效组织实施培养
在组织和实施培养时应注意，应针对某个问题，具体问题具体分析。在解决问题时，要看到通过改变环境、改变管理体制、改变工具方法等是否能够更好地解决问题。

3.选择对的学习资源
当内部学习资源能解决绩效问题时，应优先使用内部资源。团队内部往往存在大量待开发的资源，要运用好这些资源，而不要一开始总想着去外部寻找资源。

应用解析

查找绩效问题时的 4 点注意

能够被数据和量化明确表示出来的绩效问题可以被更精确把握，应当被优先诊断和处理，而偏主观感受的绩效问题，应延缓处理。

当绩效出问题时，大多数人第一时间想到的是如何教育员工，实际上，改变环境往往成本更低，见效更快，甚至可能会更容易。

先客观
再主观

先环境
再个人

先主要
再次要

先总结
再改进

影响绩效的因素有很多，资源有限时，应对问题进行分类判断，先解决主要的、重要的问题，再解决次要的、不重要的问题。

实施绩效改进前，要先进行绩效诊断总结。定义出问题后，首先总结优秀经验，再通过推广优秀经验进行绩效改进。

小贴士

团队管理者不能盲目地进行绩效改进，造成绩效差的因素有很多，不一定是员工本人的原因。员工绩效差时，管理者如果只一味培养员工，是无效的。正确的做法是先找到造成绩效差的根本原因，针对根本原因采取改进措施。

08

人才保留

本章背景

1

知道了这么多人才培养方法，这下团队的人才培养应该能做好了。

2

除了培养人才外，也要做好人才保留，不然团队辛苦培养成功的人才都成了给别人做嫁衣。

3

是呀，我正想说这个问题呢，最近不少优秀员工离开团队。人才不能不培养，但培养成熟后又很容易离开，我正犯愁呢。

4

人才没有留下的理由，或者有了离开的理由，都可能离职。要想办法创造让员工愿意留下的理由，同时不要创造让员工想要离开的理由，这是人才保留的关键。

5

看来让人才不想走，心甘情愿留下，才是最上乘的人才保留做法。具体要如何做呢？

6

要做好人才保留，要构建4大系统，分别是人才保留的生态系统、预警系统、应急系统，"一潭死水"也不是好事，要让"水"流动，还要有人才更迭替换系统。

背景介绍

　　人才如流水，人才保留如同容器。失败的人才保留就像一个竹篮，最终只能是竹篮打水一场空。成功的人才保留就像一只结实的木桶，装得下足够的水。团队管理者在培养人才的同时，也要做好人才保留。

8.1　人才保留生态系统

　　很多团队在人才保留方面做出过大量努力，但效果不佳，原因很可能出在这些努力只是单点上的努力。人才保留是一项系统工程，要想有效留住人才，只在单点上做文章很可能无效，要站在全局视角认识和实施人才保留，形成人才保留的生态系统。

8.1.1 如何系统实施人才保留

🔒 **问题场景**

1 我团队的工资已经是行业数一数二了，可还是有不少人离职。这么好的条件，真不知道这些离职的人是怎么想的。

2 工资只是人才保留的一方面，除工资外，人才还关心很多方面，比如团队氛围、学习机会、职业发展等。

3 人才保留要考虑的问题也太多了！

4 要想有效实施人才保留，需要建立一套生态系统。

5 这么麻烦，听得我都有点没信心了。

6 别灰心，人才保留虽然需要考虑很多问题，但只要能考虑到、关注到，总能在一定程度上降低人才流失率。

问题拆解

　　团队的工作环境就像生态环境。在生态环境中，一粒种子能否生根发芽，要看生态环境是否适合种子在这里成长。在团队中，人才就像种子。人才能否在团队中长期稳定发展，要看团队环境是否适合人才成长。

方法与工具

工具介绍

人才保留的两大契约

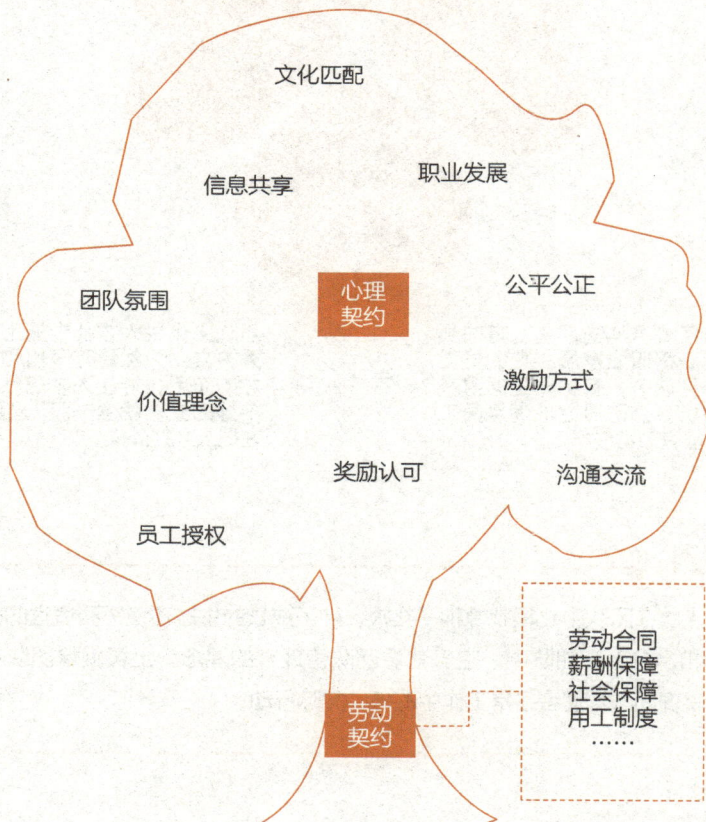

　　人才保留有两大契约，分别是劳动契约和心理契约。劳动契约偏向比较具体的约束力，能够留住人才的人。心理契约偏向比较抽象的约束力，能够留住人才的心。团队要想有效留住人才，劳动契约固然重要，但主要是提供底层基础的，更重要的是要在心理契约层面作出努力。

　　如果把人才保留的两大契约比作一棵树，躯干就像劳动契约，枝叶就像心理契约。躯干是枝繁叶茂的基础，躯干有问题时不会枝繁叶茂，但只有躯干也不行，树会光秃秃的不健康。

人才保留的两大契约

文化匹配

信息共享　　　　职业发展

团队氛围　　**心理契约**　　公平公正

价值理念　　　　　激励方式

奖励认可　　沟通交流

员工授权

劳动契约

劳动合同
薪酬保障
社会保障
用工制度
……

应用解析

人才保留的 4 个环节

要留住人才，团队的规章制度、劳动保障、薪酬政策等用工必备基本条件必须齐全，不仅要做到合法合规，而且要具备一定的外部竞争力。

上级通过与人才持续有效沟通，不仅能帮助人才更好完成工作，而且能与人才建立起感情纽带，增加人才的幸福感、满意度、责任感，进而增加人才稳定性。

劳动
关系

持续
沟通

员工
期望

团队
文化

员工有各式各样的期望，有的员工期望获得职业发展，有的员工期望得到认可，有的员工期望获得学习机会。阶段性地满足员工期望能够有效留住员工。

团队文化是人才扎根的土壤，优秀的文化天然具有吸引和留住人才的作用，能让人才茁壮成长；不好的文化就像一股无形的力量在把人才往外推。

小贴士

人才在团队中扎根就像种子扎根。种子成长的生态环境需要适宜的空气、土壤和水分。在团队中，空气就像团队管理者的观念，土壤就像团队氛围，水分就像团队管理者日常工作中的各种实际行动。

8.1.2 如何防控人才流失风险

问题场景

1. 构建起生态系统后，就能减少人才流失所造成的损失了。

2. 构建生态系统能减少人才流失，从而减少损失，但对无法避免的人才流失，还要做好风险防控来减少损失。

3. 风险防控？你倒是提醒我了，确实如此。上次一个关键岗位人才流失，泄露了关键信息，造成了很大损失。

4. 所以在构建人才保留生态系统的同时，也要注意减少人才流失出现的风险。

5. 如何减少这种风险呢？

6. 要减少人才流失的风险，首先要识别出可能存在的风险和对应损失，找到风险控制点实施防控。

问题拆解

　　无法避免的人才流失存在各类风险，这些风险会给团队带来各种各样的损失。要减少团队损失，就要找准人才流失的关键控制点，针对人才流失的关键控制点实施防控。

方法与工具

工具介绍

人才流失风险管控

有些人才流失是很难避免的，只要有人才流失，就存在潜在的风险，识别出可能的风险，针对风险实施防控，能够有效降低人才流失给团队带来的损失。人才流失常见的风险有 4 个，分别是岗位空缺的风险、信息泄露的风险、客户流失的风险和人心不稳的风险。

人才流失的 4 大风险控制点

1.岗位空缺的风险
如果对人才流失没有预期，很可能没有储备人选可以接替离职者，导致被动局面。离职交接过程中，也可能因为交接流程不完善，造成交接时间不充分、交接内容不全面，从而带来其他风险。

2.信息泄露的风险
团队中有技术资料、商业秘密等关乎核心竞争力的重要信息。如果处在关键岗位、掌握这些核心机密的人才离职，不论到竞争对手那里，还是自主创业，都必然会给企业带来巨大影响。

4.人心不稳的风险
有些核心人才由于领导魅力、工作年限、岗位性质等因素，会逐渐形成一定的感召力和影响力，周围可能存在一批追随者。这类人才一旦离职，会对某个群体造成心理冲击，降低团队凝聚力。

3.客户流失的风险
直接面向客户、与客户接触较多的人才离职后可能会把客户一起带走，尤其当客户是由离职人才独自开发或长期维护时。如果团队长期对一线销售人员实施"只追求业绩"的粗放式管理，这类风险较大。

应用解析

人才流失4大风险控制点的应对措施

1.针对岗位空缺的风险
（1）提前预防：做好人才梯队建设，建立后备人才库，提前培养人才。
（2）马上反应：人才出现离职意向后，迅速反应、立即行动，实施离职面谈。

2.针对信息泄露的风险
（1）流程制度：依赖流程和制度好过依赖个人，可以把核心能力内化于无形。
（2）法律手段：提前签订保密协议或竞业限制协议，约束人才离职后的行为。

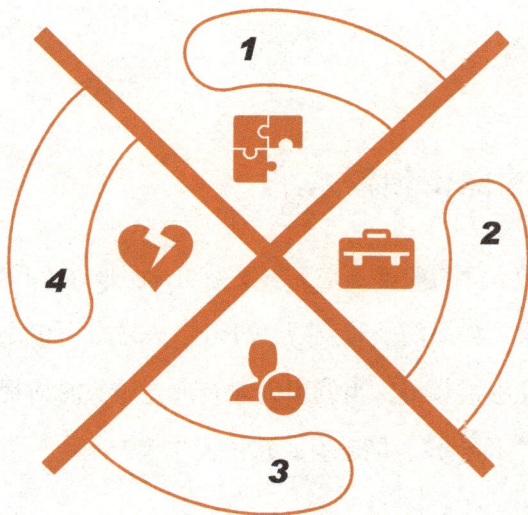

4.针对人心不稳的风险
（1）多元管理：选人时预防，选用具备不同背景的员工，采取多元化管理。
（2）团队建设：持续沟通，关心员工成长，让员工与组织产生情感，而非个人。

3.针对客户流失的风险
（1）客户管理：建立并维护客户档案和数据库，所有客户由流程统一管理。
（2）实施轮岗制度：阶段性实施轮岗，不让人才长期从事某个岗位、把握岗位核心。

小贴士

　　降低人才离职造成人心不稳的风险，很大程度上是在解决人才与组织之间的情感问题，即解决人才留在组织工作，情感究竟是寄托于组织还是寄托于组织中的某个人的问题。组织的品牌、文化、规则、待遇等都有助于人才将情感寄托于组织。

8.2　人才保留预警系统

　　大多数人才流失都不是突然发生的，而是人才积怨已久后产生的结果。如果能及时发现并处理，人才很可能不会离职。人才流失能够被预警，当发现人才有离开苗头时应提早预防，提前打好"预防针"，能够有效减少人才流失率。

8.2.1 如何进行离职面谈

问题场景

1 员工离职总是猝不及防，真让人头疼。

2 也许咱们要注意做好人才离职面谈。

3 我们也有离职面谈啊，当人才提出要离职时，我们的团队管理者都会和员工面谈。

4 我说的不是人才提出离职后的挽留式面谈，那时已经晚了。在人才有离职苗头时就要开始面谈，安抚员工情绪。

5 也就是在员工还没有提出离职时就面谈？团队管理者怎么能知道员工要离职呢？

6 这就要求团队管理者平时要注意观察员工的状态变化，感受员工的情绪。

问题拆解

离职面谈并非指员工提出离职后实施的面谈。离职面谈的最好时机是在人才提出离职前，也就是当人才有离职苗头时。当人才出现工作态度散漫、工作积极性下降、阶段性请长假、行为举止异常、神色慌张、时不时到无人地点接听电话等具备离职意向行为时，团队管理者就要注意实施面谈了。

方法与工具

工具介绍

离职面谈

　　离职面谈是团队管理者与待离职人才就离职相关问题进行的谈话。根据离职面谈时机和目的不同，离职面谈的作用有很多，例如，安抚员工情绪、挽留员工、了解员工离职真实原因、收集员工意见或建议、提高团队管理水平、提高团队声誉等。

离职面谈的 5 点注意

离职面谈前应有所准备，提前了解员工家庭背景、绩效情况、同事评价、人格特质及可能的离职原因等信息。

团队管理者应体会和感知离职人员的想法，多站在其角度思考问题。围绕员工利益，选择其认同的话题来展开交流。

团队管理者要注意语调平和、态度平等，避免使用批判性语言或语调。避免用自己的价值观评判员工的行为。

传达共情

面谈准备

态度平和

面谈目标

开放问题

对不同的员工，离职面谈目标侧重应有所不同。对态度好、能力强、绩效高的员工，离职面谈的目标应以挽留为主；对态度差、能力弱、绩效低的员工，离职面谈的目标可以是只了解离职原因。

离职面谈的问句应多采用开放式问题，例如"为什么""是什么""怎么样"，少用封闭语言，例如"是不是""对不对""行不行"。

应用解析

人才离职的 4 个阶段

在这个阶段，员工经过一段时间思考，已经确信离职判断是正确的，向团队提出自己的离职想法。

确信阶段

在这个阶段，员工会通过不断观察和反思当前工作，通过上级和同事不经意间的反馈，验证自己的不满情绪，负面评价会强化，同时对外部机会的正面想象也会强化。

验证阶段

苗头阶段

当员工不满情绪长期积累得不到解决时，员工就会产生离职的念头，开始思考自身工作的意义以及当前工作给自己带来的价值，开始关注和联络外部的工作机会。

不满阶段

在这个阶段，员工只是产生了不满情绪，还未产生离职的念头。员工会抒发不满情绪，在言语或精神状态上都会表现出不满。

小贴士

很多团队管理者通常在人才正式提出离职想法之后实施离职面谈，也就是人才离职的最后阶段——确信阶段。其实这时候，往往已经错过了离职面谈沟通的最佳时机。把沟通做在前面，防患于未然是对待人才离职最好的管理手段。

8.2.2 如何预知员工满意度

问题场景

1

为防止人才流失，之前有人建议我做员工满意度调查，我觉得有必要做一下。

2

实际上，提高员工满意度并不会直接降低人才流失率。

3

什么？我有没有听错？你说提高员工满意度不会直接降低人才流失率？为什么？

4

没错，因为员工满意度只针对当前在职员工，没考虑已离职员工；而且满意度调查往往比较主观，并非客观事实。

5

那你的意思是员工满意度调查没有用，就不用做喽？

6

并不是，员工满意度调查是可以做的，可以作为人才流失问题预警，不过实施时要对它有正确的认识。

问题拆解

　　员工满意度调查结果可以作为人才流失的预警，当员工满意度降低时，人才流失率通常会提高。但同时要注意，当员工满意度增高时，并不代表人才流失率会下降。员工满意度主要是针对在职员工的调查，没有考虑已经离职员工的情况。另外要注意，员工满意度调查比较主观。

方法与工具

工具介绍

员工满意度调查

　　员工满意度调查是广泛听取员工意见，并激发员工参与管理的一种方式，是团队管理中的预防和监控手段，也是团队管理在员工心态和行为上的体现。通过员工满意度调查，企业可以捕捉员工的思想动态和心理需求，从而采取有针对性的应对措施。

员工满意度调查对象可以是全体员工，也可以是部分员工。可以针对当前问题区分调查，可以分层级调查，也可以分地区、年龄、性别、部门等调查。

常见员工满意度调查内容包括工作时间、工作环境、劳动强度、工作感受、薪酬福利、晋升空间、学习机会、领导方式、生活保障等。

第1步 对象

第2步 内容

第3步 方法

第4步 分析

员工满意度调查可以包括定性调查和定量调查，可以采用问卷调查法、员工访谈法等不同实施方法。

对调查数据结果做综合统计、数据分析，发现其中问题，对问题做深入挖掘和分析，形成改进措施，并采取行动。

应用解析

员工满意度调查包含的 9 大类内容

工作时间

对工作时间安排是否满意？
是否能经常按时下班？
对休假的安排是否满意？

工作环境

对物理工作环境是否满意？
是否需要经常出差？
工具设施是否对身体无害？

劳动强度

对工作量是否满意？
体力能否支撑工作？
精力能否支撑工作？

工作感受

能否感受到工作的价值？
同事关系是否和谐融洽？
工作中是否感受到压力？

薪酬福利

对工资金额是否满意？
对福利种类是否满意？
对薪酬发放方式是否满意？

晋升空间

对晋升通道是否满意？
能否设置职业生涯规划？
上级对职业发展是否支持？

学习机会

能否得到内部培训机会？
能否得到外部学习机会？
对学习方式是否满意？

领导方式

上级是否重视自己的意见？
上级是否发现过自己的优点？
上级是否公平公正？

生活保障

对早、中、晚餐是否满意？
对住宿条件是否满意？
对休闲设施是否满意？

小贴士

员工满意度影响着顾客满意度和工作效率，从而影响团队绩效。通过员工满意度调查，团队可以准确全面地了解员工满意状况及潜在需求，凭借这些依据，制定并实施有针对性的激励措施。

8.2.3 如何掌握员工敬业度

问题场景

1 除了员工满意度外，还有员工敬业度的问题，员工敬业度也能被调查吗？这种调查会不会也比较主观？

2 员工敬业度同样可以被识别和定义，相对满意度调查更客观，所以其结果的主观程度通常比员工满意度调查的要弱一些。

3 团队的员工满意度增加后，应该能增加员工敬业度吧？

4 会对员工敬业度产生积极的影响，但不是增加员工敬业度最有效的方式。

5 什么是增加员工敬业度最有效的方式？

6 除了与员工个体有关外，团队管理者对待员工的方式直接影响着员工敬业度。

问题拆解

　　员工敬业度与员工满意度的含义不同，它是员工对团队的归属感、对工作的积极性和对岗位的责任感。要想提高员工敬业度，需要团队各层级管理者的努力，也需要员工本人具备一定的主观能动性。

方法与工具

工具介绍

员工敬业度调查

敬业度是员工态度的一种体现。通过对员工敬业度的调查，能够量化并发现团队员工的敬业度情况。实施员工敬业度调查最经典的工具是盖洛普（Gallup）公司的盖洛普 Q12，包含 12 个员工敬业度调查问题。这 12 个问题分别对应着团队中 4 种不同的关注领域，即员工基本需求、管理层对员工的支持、员工的团队协作和员工的发展问题。

盖洛普 Q12 员工敬业度调查

序号	问题	关注领域
1	我很清楚公司对我工作的具体要求	员工的基本需求
2	我身边有做好我工作所需要的全部资源	
3	我每天都有机会做我擅长做的工作	管理层对员工的支持
4	在过去的7天之内，我曾经因为工作出色而受到了表扬	
5	我的上级领导和周围的同事关心我的个人情况	
6	我的上级领导和周围的同事鼓励我的个人发展	
7	我的意见在工作中能够受到重视	员工的团队协作
8	我因为公司的目标或使命而感受到自己工作的重要性	
9	我的同事们都在努力做出高质量的工作	
10	公司中有一位同事是我最要好的朋友	
11	在过去的6个月里，公司有人曾经和我谈起过我的进步	员工的发展问题
12	在过去的一年里，我有机会在工作中获得学习成长	

应用解析

员工敬业度和贡献度的 5 种分类及应对

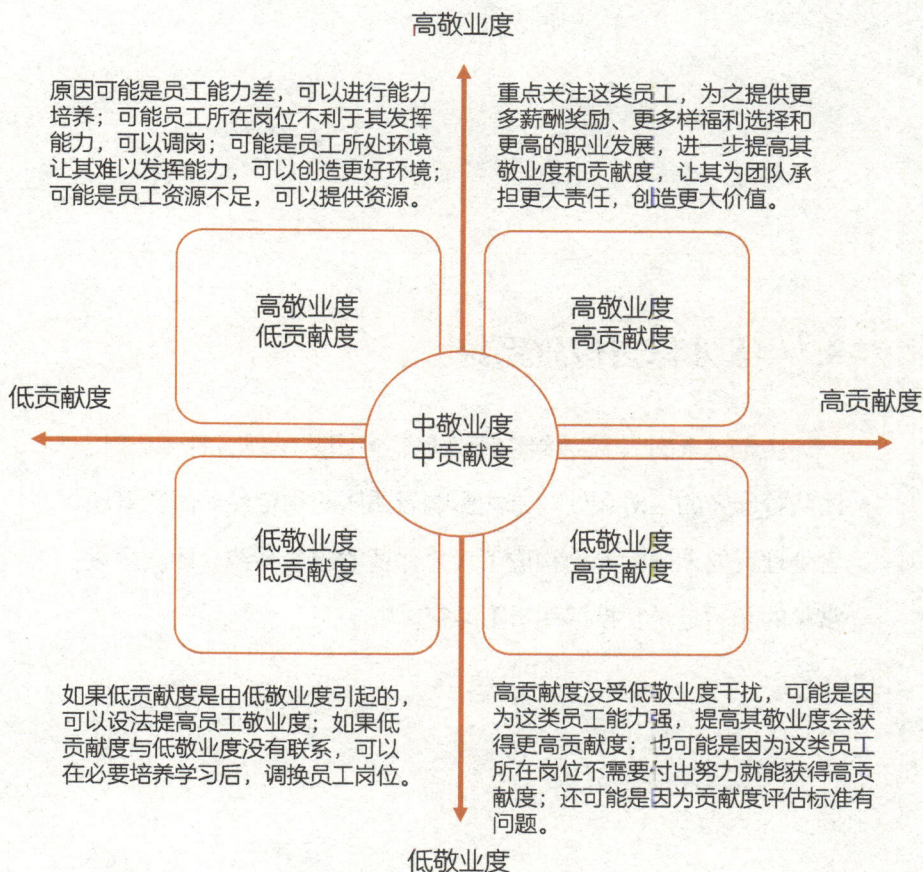

高敬业度

原因可能是员工能力差，可以进行能力培养；可能员工所在岗位不利于其发挥能力，可以调岗；可能是员工所处环境让其难以发挥能力，可以创造更好环境；可能是员工资源不足，可以提供资源。

重点关注这类员工，为之提供更多薪酬奖励、更多样福利选择和更高的职业发展，进一步提高其敬业度和贡献度，让其为团队承担更大责任，创造更大价值。

高敬业度 低贡献度	高敬业度 高贡献度

低贡献度　　　　　中敬业度
中贡献度　　　　　高贡献度

低敬业度 低贡献度	低敬业度 高贡献度

如果低贡献度是由低敬业度引起的，可以设法提高员工敬业度；如果低贡献度与低敬业度没有联系，可以在必要培养学习后，调换员工岗位。

高贡献度没受低敬业度干扰，可能是因为这类员工能力强，提高其敬业度会获得更高贡献度；也可能是因为这类员工所在岗位不需要付出努力就能获得高贡献度；还可能是因为贡献度评估标准有问题。

低敬业度

小贴士

很多团队存在大量中敬业度、中贡献度的员工，这类员工可能勤勤恳恳，但业绩平平。对这类员工，可以了解其需求，首先尝试提高其敬业度，当敬业度提高后，看其贡献度是否提高。如果贡献度没提高，可以尝试培养其能力，再看其贡献度是否提高。

8.3　人才保留应急系统

　　人与人相处磕磕绊绊在所难免，当团队出现各种矛盾时，团队管理者的应对和处理方式影响着团队的稳定性。团队管理者处理突发矛盾的能力构成了人才保留的应急系统。团队中最常见的矛盾是员工投诉和员工冲突。

8.3.1 如何处理员工投诉

问题场景

1 有不少优秀人才离职很突然，能感受到积怨已久，可平时又很少表现出端倪，这种情况怎么办呢？

2 可以在团队中开设员工投诉渠道，支持有问题及时投诉。

4 就是要让员工知道，有任何疑问或不满，都可以通过某种沟通渠道向上反映。

3 你说的投诉渠道是什么意思？

5 明白了，也就是鼓励员工及时反映问题是吧？别把话憋在心里。

6 对，当员工出现投诉后要第一时间给予回应，而且要马上调查处理，不能让矛盾升级。

问题拆解

　　当员工在工作中受到委屈或遇到问题时，可能不愿意表达，长期积累之后必然会产生矛盾与冲突，有时甚至会酿成不良后果。团队管理者要给员工提供投诉的渠道，鼓励员工表达心声，及时受理、调查和处理员工投诉，并给员工提供满意的答复。

方法与工具

工具介绍

员工投诉处理

　　团队管理者是员工投诉的第一处理人，当接到员工投诉后，要第一时间处理。妥善处理员工投诉能够及时发现员工问题，优化团队工作氛围，有效降低员工离职率。员工投诉并不可怕，可怕的是员工心中有怨气却无处宣泄，无法表达。

团队管理者处理员工投诉时要关注的 4 个关键点

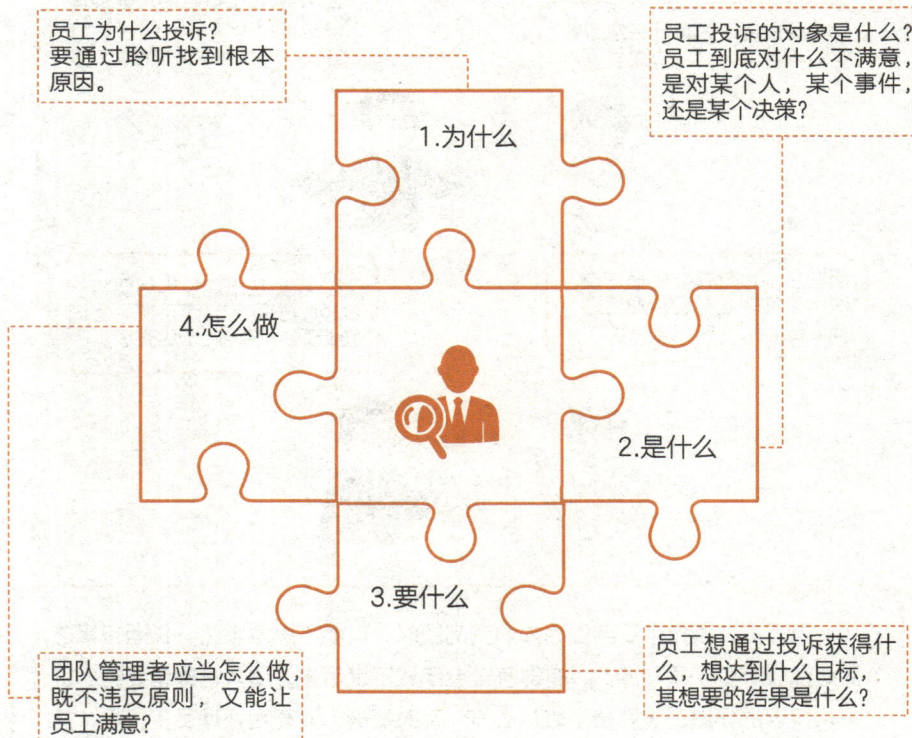

员工为什么投诉？
要通过聆听找到根本原因。

员工投诉的对象是什么？
员工到底对什么不满意，
是对某个人，某个事件，
还是某个决策？

1.为什么

4.怎么做

2.是什么

3.要什么

团队管理者应当怎么做，既不违反原则，又能让员工满意？

员工想通过投诉获得什么，想达到什么目标，其想要的结果是什么？

应用解析

员工投诉事件调查的 4 个注意事项

客观调查，对事不对人，不要有"理应"的想法，不要加入主观判断，不要掺杂个人价值观。

找到问题的本质原因，不浮在问题表面，查找是流程制度问题，还是管理者的沟通或技能问题，或者只是员工的情绪问题。

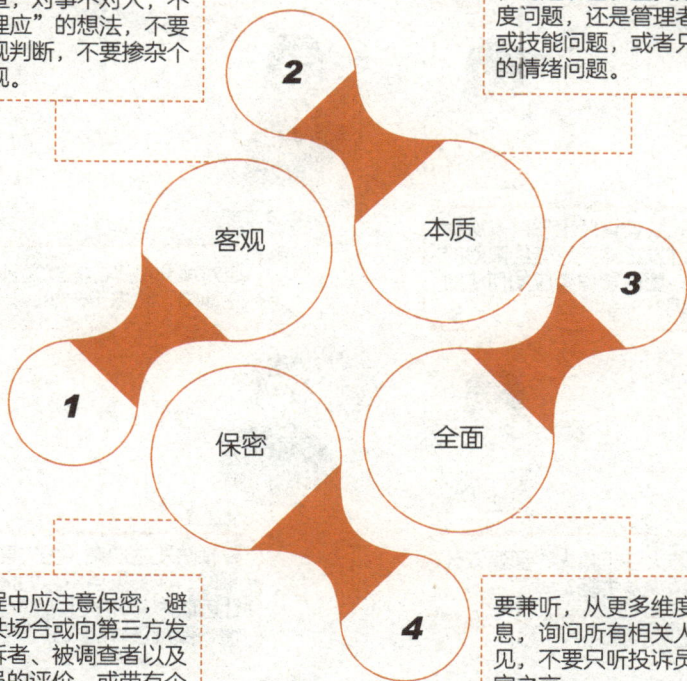

2 本质

客观

1 保密

3 全面

4

调查过程中应注意保密，避免在公共场合或向第三方发表对投诉者、被调查者以及相关人员的评价，或带有个人情绪色彩的言辞。

要兼听，从更多维度收集信息，询问所有相关人员的意见，不要只听投诉员工的一家之言。

小贴士

团队管理者一定要做好员工投诉渠道建设，为员工设置方便的投诉渠道，例如电子邮件、电话、通信软件等多种信息通信渠道。如果没有方便的投诉渠道，员工不仅可能因为积怨已久而选择离职，还可能会选择比较极端的处理方式，给团队造成不良影响。

8.3.2 如何应对员工冲突

问题场景

1
员工投诉渠道这一点太重要了，怪不得我的团队内部经常起冲突，有了投诉渠道后应该能有所好转。

2
内部冲突不能全靠投诉渠道解决，因为冲突的发生通常是即时的，需要立即处理。团队管理者要具备处理冲突的能力。

NO!

3
是啊，我们曾经出现过多次优秀人才发生冲突后最终离职的情况。团队管理者应如何应对冲突呢？

4
应对冲突最好的方式是预防发生冲突，防患于未然。

5
对，防火胜于救火，那要怎么预防冲突发生呢？

6
要预防发生冲突，功夫要做在平时。冲突来自不当的沟通，让团队内部养成正确的沟通习惯，保持正确的沟通态度。

问题拆解

　　无论什么行业，什么组织，只要存在 2 个人以上的沟通交流，就免不了产生摩擦，有了摩擦就会产生冲突，产生投诉，产生争议。团队管理者要正视员工的冲突问题，及时妥善地处理员工冲突，同时管理好可能发生的冲突。

方法与工具

人际冲突产生的 ABCD 原理

因为 A 客观事实，产生了 B 主观感受，得出了 C 抽象总结，做出了 D 结论表达。

例如，丈夫回家后，发现妻子已经到家。丈夫问："做饭了吗？"妻子说："没有，点外卖吧。"

丈夫有些不高兴，埋怨妻子说："你怎么那么懒！"于是，一场家庭争吵开始了……

"妻子没做饭"，是 A 客观事实；"丈夫不高兴"是 B 主观感受；"妻子懒"是 C 抽象总结；"丈夫表达了 C"是 D 结论表达。

回过头看，妻子没做饭，想点外卖，就代表妻子懒吗？不一定，可能妻子今天身体不舒服，也可能妻子下班去了市场，发现家人爱吃的菜已经卖完了；还可能是因为妻子领了一张大额外卖优惠券。

丈夫在不弄清楚事实的情况下，直接做出抽象总结和表达结论，从而引发和妻子之间的冲突。

这个原理，是工作和生活中很多无效沟通和冲突产生的原因。

人际冲突产生的 ABCD 原理图示

客观上，发生了什么事？
注意：有时候我们看到的，只是现象，而非事实。

主观上，对这件事有何感受？这种主观感受，通常伴随着某种情绪。人际冲突中的这种情绪通常是负面的。

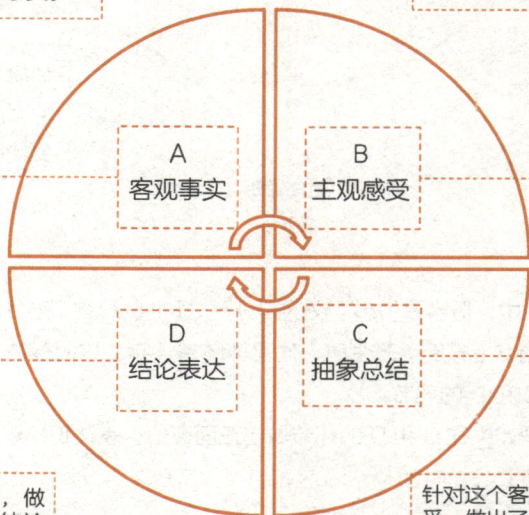

A 客观事实

B 主观感受

D 结论表达

C 抽象总结

根据抽象总结，做出了什么样的结论表达？

针对这个客观事件和主观感受，做出了哪些抽象的总结？这时候的总结，往往与人格或品质有关。

应用解析

如何运用人际冲突产生的 ABCD 原理
避免无效沟通和人际冲突

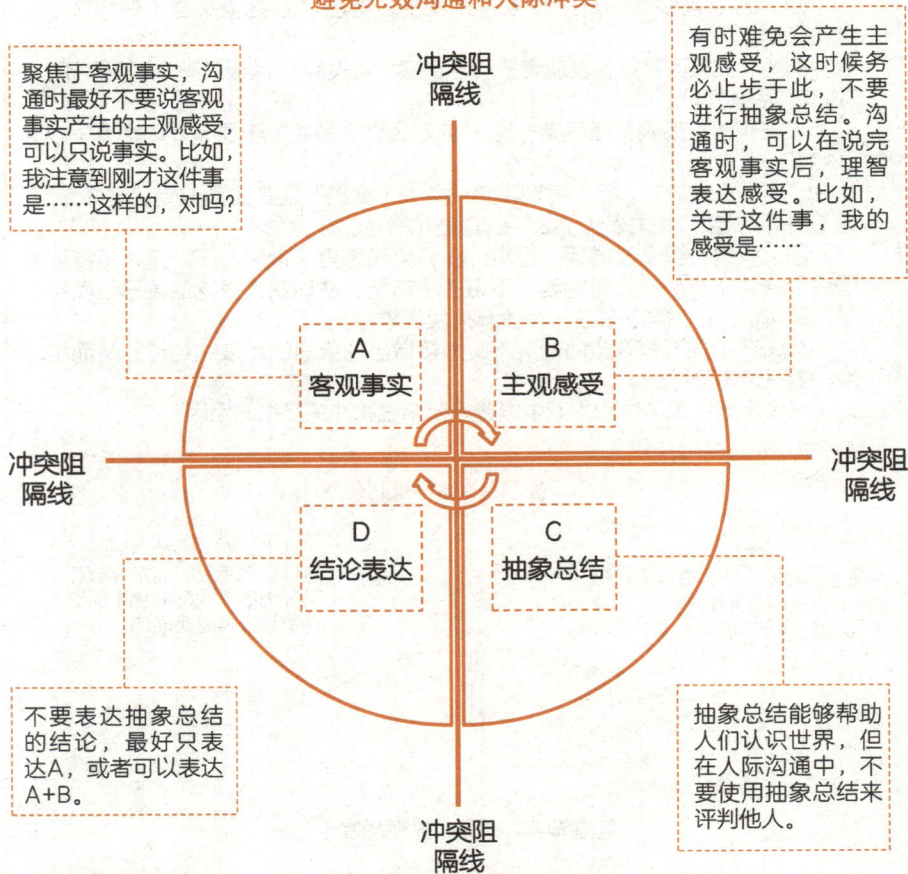

聚焦于客观事实，沟通时最好不要说客观事实产生的主观感受，可以只说事实。比如，我注意到刚才这件事是……这样的，对吗？

有时难免会产生主观感受，这时候务必止步于此，不要进行抽象总结。沟通时，可以在说完客观事实后，理智表达感受。比如，关于这件事，我的感受是……

冲突阻
隔线

冲突阻
隔线

冲突阻
隔线

| A 客观事实 | B 主观感受 |
| D 结论表达 | C 抽象总结 |

冲突阻
隔线

不要表达抽象总结的结论，最好只表达A，或者可以表达A+B。

抽象总结能够帮助人们认识世界，但在人际沟通中，不要使用抽象总结来评判他人。

小贴士

在人际交往中，最容易引起冲突的部分是 C（抽象总结）和 D（结论表达）的环节。因此当 B（感受）产生时，通常伴随有情绪，这时候注意不要让情绪推动你进入 C 和 D 的环节。

ABCD 原理如果在 C 和 D 的环节做出正面评价，表达积极观点，则可以用在表扬和鼓励上。

8.4　人才更迭替换系统

　　人才如水，水要流动才有活力。没有人才流动的团队会变成"一潭死水"，失去活力的同时，也会越来越"浑浊"。人才保留追求团队的稳定性，但稳定不代表没有流动。团队要保持正常的人才流动，构建双赢的文化，创造优胜劣汰的机制，才能让人才质量越来越高。

8.4.1 如何发现不合格员工

问题场景

1 做好了人才保留策略，人才流失率就降下来了，团队的人才队伍就稳定了，这是我们努力的方向！

2 正确的人才保留应当允许一定的人才流动，不能一味简单追求留下人才。

3 啊？你的意思是人才流失不一定是坏事喽？

4 如果人才流失损失的都是不合格员工，从而能让团队有机会补充合格员工，当然不是坏事。

5 明白了，人才保留关键是优化人才队伍，保持健康的流动性，对吧？那是不是我要刻意去发现团队中的不合格员工呢？

6 没错，不仅要发现当前在职的不合格员工，在选拔人才的时候，就要把潜在的不合格员工挡在团队外面。

问题拆解

　　不是所有人才团队都能留得住，团队管理者只能留住那些团队有能力留住的人才，对于心高气傲、志向过远、追求新鲜的人才，不论如何也是留不住的。要做好人才保留，在选拔人才前就要想到这类人才团队能不能留住。对于团队中的不合格人才，团队管理者也要及早发现，早做准备。

方法与工具

工具介绍

活力曲线

活力曲线是 GE 公司（General Electric Company，通用电气公司）前CEO 杰克·韦尔奇（Jack Welch）提出的。韦尔奇将所有员工分成 3 类，A 类（优）20%、B 类（中）70% 和 C 类（差）10%。对于 A 类员工，韦尔奇采取的策略是不断奖励，包括岗位晋升、提高工资、股权激励等。对于B 类员工，韦尔奇会视情况适当给予提升待遇。对于 C 类员工，不但不奖励，还会予以淘汰。

应用活力曲线的 4 个步骤

首先根据团队实际情况划分期望的等级和每个等级中的人数占比。等级可以分成3～5类。

对全体员工实施绩效评价，注意绩效评价的规则应统一，最终落实到量化的分值。

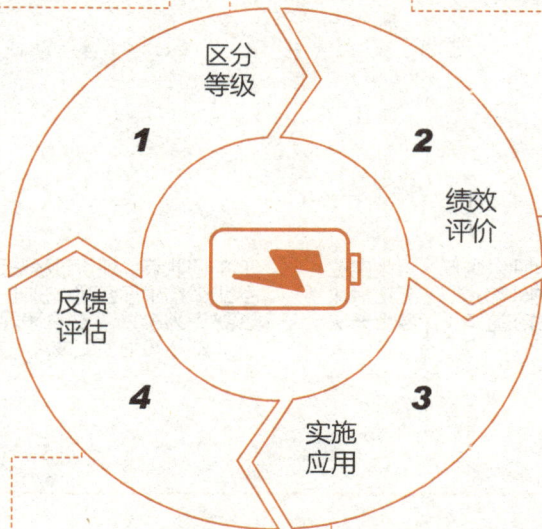

区分等级 1

绩效评价 2

反馈评估 4

实施应用 3

评估应用结果，发现好的方面和不好的方面，针对问题实施改进，为下一轮应用做准备。

将相同类别岗位的员工放在一起，按照事先区分的比例和绩效评价结果，将员工划分到不同类别中，并采取不同措施。

应用解析

活力曲线应用时常见的 3 个问题

排在靠后类别的员工可能会对排在A类的员工心生不满。尤其是排在B类的员工，可能和A类员工能力差别不大，奖励差别却很大。排在靠后类别的员工可能会积极性下降，排在靠前类别的员工也可能感到被排挤而士气低落。

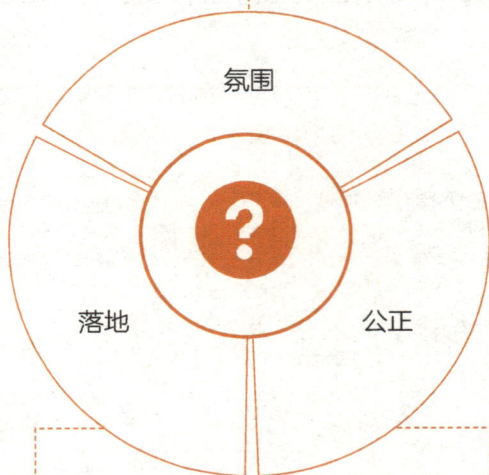

氛围

?

落地 公正

个别员工虽然连续评级较低，但因岗位专业性较强，很难外部获取，无法淘汰或换岗。活力曲线在这类员工身上无法落地，没有效果。

有的团队绩效评价过程缺乏公正性，导致绩效结果不客观，例如，公认的好员工被评为B或C，公认表现和成绩平平的人，却不知为何变成A。

小贴士

活力曲线的人才分类和比例要具有一定的依据和科学性，不能凭感觉随意划分。实施过程中不要死板教条，可以根据实际情况保留一定灵活调整的空间，不必强调每个部门或每类岗位的百分比都严格按照某个比例进行。

8.4.2 如何淘汰不合格员工

🔒 **问题场景**

1 对不合格的员工，没过试用期的比较容易淘汰，已经过试用期的，或者已经是老员工的怎么办呢？

2 已经过了试用期的员工如果不合格，可以根据绩效考核结果来实施。

3 我听说用绩效考核直接淘汰员工是违法的。

4 根据绩效考核结果直接淘汰员工确实是违法的。绩效考核结果的主要作用是表明员工不能胜任岗位。

5 员工如果不认可，诉诸法律怎么办？

6 这就要从合法合规地制定员工手册和规章制度入手了。规则的合法性、流程的规范性，能帮企业有效规避法律风险。

问题拆解

　　对不能胜任岗位的员工，团队管理者应当先安排员工轮岗和培训，如果再不能胜任岗位，可以与员工解除劳动关系。需要注意，员工不胜任岗位需要证据，客观、量化的绩效考核结果可以提供这类证据。

🔑 方法与工具

工具介绍

员工淘汰

团队管理者要合法合规地淘汰员工，有 3 种常用方法，第一种是对还处在试用期的员工，没有达到通过试用期的条件时；第二种是当员工违法乱纪或违反规章制度时；第三种是当员工不能胜任工作岗位时。不论是哪一种，都要求团队管理者拥有证据，而且证据要客观。

淘汰员工的 4 类依据

依据各类法律法规，包括劳动相关的法律法规。

依据经合法合规程序通过的规章制度、员工手册等。

违法

违纪

无潜力

不胜任

仅适用于未过试用期的员工，依据是合法合规的试用规则，须事先公示且与员工达成一致。

依据是客观量化的考核标准，考核标准也应合法合规，须员工事先知悉且认可。

应用解析

劝退不合格员工的 4 个条件

具体化员工违反的是哪条法律法规？情节是否严重？员工是否受到行政处罚？是否被限制人身自由？

规章制度、员工手册等资料中要具体化员工严重失职的规定；具体化违纪的具体行为表现；具体化造成重大损失的规定。

违法

无潜力

违纪

不胜任

具体化人才录用的条件，例如每个自然月须上10天夜班，须根据公司统一排班要求出勤，每月夜班请假不得超过2天。

具体化各岗位不能胜任的条件。例如8小时以内，生产合格品数量不少于50件；每月顾客满意度调查结果达到90%以上；每月招聘满足率达到95%以上。

小 贴 士

　　劝退不合格员工的核心目的并不是为了免于支付经济补偿金，而是为了让员工了解自身能力与岗位要求间的差异，减少员工对离职的抵触心理，保留团队的社会声誉。如果员工意识到这一点后自愿提出离职，也能在事实上降低企业成本。